www.tredition.de

AF185697

Thomas Kühn

Geschichte und Sinn

Von Kant zu Nietzsche

www.tredition.de

© 2020 Thomas Kühn

Verlag und Druck: tredition GmbH, Halenreie 40-44,
22359 Hamburg

ISBN
Paperback: 978-3-347-03358-0
Hardcover: 978-3-347-03359-7
e-Book: 978-3-347-03360-3

Die Wahrhaftigkeit der Aufklärer

Ohne ein Bedürfnis nach Wahrheit gibt es keine Aufklärung. Dabei ist es eine Bedingung, dass falsche oder verworrene Ansichten über einen Sachverhalt schon vorliegen, so dass es auch ein Interesse an der Wahrheitsfindung gibt. Aufklärung verfolgt immer ein doppeltes Ziel: Die falschen Vorstellungen sollen beseitigt und durch die richtigen ersetzt werden. In diesem Sinn dient Aufklärung der wahrheitsgemäßen Urteilsfindung mit dem Ziel sachgerechten Handelns. Ziel der Aufklärung ist es, die Wahrheit herauszufinden, damit nicht Mythen und Irrtümer an ihrer Stelle herrschen. Das Entscheidende dabei ist, wahre Aussagen von falschen unterscheiden zu können. Aufklärung erfolgt niemals ohne Kritik an den unaufgeklärten Vorstellungen. In Bezug auf unser Welt- und Menschenbild ist die Philosophie mit dem Anspruch aufgetreten, die herrschenden Irrtümer und Mythen aufzuklären. Philosophie ist von Anbeginn an kritische, analytische Aufklärung mit dem Ziel, uns Menschen von Wahn und Irrtum zu befreien. Wozu? Nur wenn jeder einzelne selbst denken lernt und sich ungehindert mit anderen darüber austauschen kann, kann so etwas wie Urteilsfähigkeit und freie Wahl entstehen. Die Bedingung dafür ist die Einhaltung des Wahrheitsgebotes – was moralisch als Wahrhaftigkeit, also als das Verbot, zu lügen, verstanden werden kann. Es setzt aber auch die Möglichkeit und Erreichbarkeit von Wahrheit voraus. Dann können auch gesellschaftliche Institutionen entstehen, die der kollektiven Wahrheitsfindung dienlich sind: Parlamente, Informationsmedien, Universitäten und Schulen, die nicht dem Machterhalt einiger weniger dienen, sondern der Entwicklung aller. Die mit der Aufklärung verbundene Hoffnung ist politischer Natur: in einer aufgeklärten Welt, in der die Menschen selbst denken und urteilen, ist kein Platz für Tyrannen, Plutokraten oder Oligarchen. Philosophie hat den freien Menschen zum Ziel, der in einer freien Gesellschaft leben kann. Daher war sie auch immer schon politisch brisant, denn die Kritik an Mythen und herrschenden Meinungen war immer auch eine Kritik an den jeweiligen politischen Machtverhältnissen. Die historische Epoche der deutschen Aufklärung knüpft an diese philosophische Tradition an. *Was aber, wenn Wahrheit nicht erreichbar ist? Was, wenn philosophisch eine Aufklärung des metaphysischen Hintergrundes der menschlichen Existenz unmöglich ist, weil wir damit die Grenzen möglicher Erfahrung überschreiten?* Mit diesem Problem gilt es sich auseinanderzusetzen. Kant hat der deutschen Philosophie das Problem der Grenzbestimmung metaphysischer Aufklärung hinterlassen. Nietzsche hat diese Lücke erkannt und weitmöglich aufgerissen. Ist er deswegen ein Anti-Aufklärer, ein Verfechter der Irrationalität? Entgegen einem weit verbreiteten Vorurteil wird Friedrich Nietzsche in diesen Essays nicht als anti-rationalistischer Gegenaufklärer verstanden, der dem politischen Irrationalismus den Boden bereitete, sondern als Erbe des Kantischen[1] Aufklärungsprojektes. Nietzsche setzt die von Kant begonnene Arbeit der Kritik fort, indem er noch radikaler als Kant nach dem Unterschied zwischen Wahrheit und Irrtum fragt. Dabei entdeckt Nietzsche, dass

---

[1] Entgegen den orthografischen Regeln schreibe ich alle Formen von Eigennamen groß, damit der Charakter als *Eigenname* gewahrt bleibt.

auch die Philosophen, deren Werk die Aufklärung ist, nicht immer wahrhaftig und auch nicht mutig genug gewesen sind, ihren Einsichten konsequent zu folgen. So schreibt Nietzsche in „Jenseits von Gut und Böse", die Philosophen seien „allesamt Advokaten, welche es nicht heißen wollen, und sogar zumeist verschmitzte Fürsprecher ihrer Vorurteile, die sie ‚Wahrheiten' taufen - und sehr ferne von der Tapferkeit des Gewissens (...)."[2]

Der Wille zur Wahrheit wird von Nietzsche hier moralisch als „Wahrhaftigkeit" interpretiert und zum „Gewissen" in Beziehung gesetzt. Gemeint ist aber nicht das „christliche", sondern das intellektuelle Gewissen, dem zu folgen *Mut* fordert. Genau dieser war es ja, den Kant von jedem forderte. Nietzsches rhetorische Generalisierung trifft nur ein soziales Klischee und nicht das philosophische Geschäft sui generis, nämlich das der Kritik. Nietzsche selbst zeigt sich hier als radikaler Kritiker der Philosophie, deren aufklärerisches Erbe er damit fortführt. Im Zuge seiner sprachkritischen Transformation der Kantischen Philosophie entdeckt er die Intentionalität - er nennt sie „Willen" - als Quelle von Sinn und Bedeutung. Obwohl er wie kaum ein anderer Philosoph die Sprache als Handeln auffasst, ringt er sich nicht zu einer Sprechakttheorie durch. Er entdeckt ebenfalls den Metaphern-Charakter der Sprache und des Denkens, kann sich aber nicht zu einer kognitiven Metaphern-Theorie durcharbeiten. Beide Ansätze liegen heute ausgearbeitet vor und zeigen freilich, wie wenig sie zusammenpassen. Sie gehören mittlerweile zum sprachphilosophischen und

---

[2] Alle Zitate sind orthografisch modernisiert.

linguistischen Standard und verdanken Nietzsche viele Impulse. Aber sie sind zur Dogmatik geronnen und damit falsch. Aufklärung kann auch leicht in einen neuen Dogmatismus umschlagen, auch die Kritik kann Irrwege einschlagen und übers Ziel hinausschießen. Wichtig ist die Selbstbindung an das erklärte Ziel: Aufklärung auch (und gerade) dann, wenn es sich um die eignen Fehler und Irrtümer handelt! Der Kantische Slogan der Aufklärung – „Habe Mut, dich deines eignen Verstandes zu bedienen!" - wird heute leider vielfach missverstanden, gerade auch und besonders von den Vertretern einer identitären Politik in Deutschland, die sich in aufklärerischer Tradition selbst verorten, um Anti-Aufklärung zu betreiben. Wenn *Wahrhaftigkeit* der Mut ist, das zu sagen, was ich denke, dann ist *Wahrheit* der Maßstab, an dem sich das messen lassen muss, was ich denke. Es reicht nicht, das eigene Denken zum Maßstab der Wahrheit zu nehmen. Es kommt lediglich ein Meinen und Glauben dabei heraus, das je nach dem Grad der subjektiven Überzeugtheit eben nicht der Aufklärung, sondern der Verbreitung von Irrtümern dient. Sich seines Verstandes zu bedienen, erfordert Mut, weil man damit auch alleinstehen kann. Der Mut beginnt nicht erst, wenn ich meine Irrtümer der Welt zumute, sondern wenn ich mich selbst befrage, ob ich denn richtigliege. Metaphysische Wahrheit ist nicht zur Dogmatik geronnene Meinung, sondern radikale Offenheit des Denkens.

I
Hat Geschichte einen Sinn?
1.
Bürgerkrieg der Vernunft

Kant war ein geschichtsphilosophischer Denker, der den Bürgerkrieg der Vernunft beenden wollte, indem er die Vernunft aus dem Sumpf ihrer Zeit zu befreien meinte. Der Versuch ist missglückt. Hegel erkannte dies. Nun konnte endlich, nach diesem grandios gescheiterten Versuch, die Mystifizierung der Geschichte eine Fortsetzung finden, die vom Christentum aus der Taufe gehoben und nur durch ein kleines Intermezzo – die Aufklärung - unterbrochen wurde. Faschismus und Marxismus sind die Enkel des Geschichtsdenkens Hegels, in dem das Individuum, sein Wollen und Leiden, nichts mehr zählen. Nietzsche versuchte, das Individuum zu retten, doch sein heroischer Individualismus war so übersteigert, dass er dem zynischen Übermenschentum, dem Mythos vom „neuen Menschen", philosophisch mit an die Macht verhalf. Diese desaströse Hybris währte nicht lang. Gerade einmal 30 Jahre ist es her, dass auch das marxistische Experiment abgebrochen werden musste. Nun zehren wir vom Erbe Kants, von dem, was übrigblieb. Und dies ist der Begriff der Würde, der das wollende und leidende Individuum ins Zentrum rückt. Auch dies Konzept war bei Kant der Zeit und Geschichte enthoben. Würde ist jedoch das einzige, was wir dem Sog der Geschichte entgegenhalten. Wäre sie nicht juristisch kodifiziert, wir würden sie verlieren, so sehr ist uns der Glaube an sie abhandengekommen. In den folgenden Überlegungen zeichne ich den Weg von Kant und Hegel nach, Vernunft in der Geschichte zu denken.

Nietzsche wird mit Pathos und Ironie dies Ansinnen zu zerstreuen suchen, um der „großen Vernunft", dem „Leib", zu seinem Recht zu verhelfen. Aber, selbst ein Getriebener, belässt er es nicht beim philosophischen Handwerk, der Kritik, sondern verfolgt ein eigenes Erlösungsprojekt. Er wird zum Dogmatiker.

2.
Zwecke und Ziele

Der Mensch hat eine Bestimmung, einen Zweck, mag er sonst auch viele *eigene* Ziele haben. Darin waren sich Kant und Hegel einig. Dieser Zweck muss aus dem Begriff des Menschen entwickelt werden. „Ziel" ist dabei eher subjektiv zu bestimmen, „Zweck" objektiv. Das Missverhältnis zwischen beiden führt bei Kant und Hegel zur Fingierung einer Naturabsicht bzw. List der Vernunft, die *subjektives Ziel und objektiven Zweck* vermittelt. Für Zweck könnte man auch „Sinn" sagen. Im Hintergrund können wir bei beiden annehmen, dass jedem Seienden nur ein Wesen eigen sei, das durch seine Definition aufgedeckt werde. Die Bestimmung des Menschen wird ihm nicht von außen von anderen Menschen aufgenötigt. Kant und Hegel sehen in der individuellen Freiheit unter der Bedingung der gesellschaftlichen, genauer: staatlichen Organisation diesen Zweck. Dieser Zweck wäre dann auch identisch mit der hypothetisch postulierten Naturabsicht bei Kant und dem Sinn der Geschichte bei Hegel. Diese Bestimmung sei aus dem besonderen Wesen des Menschen ableitbar. Der Mensch besitzt Vernunft, ist sich seiner selbst bewusst und lebt mit anderen Menschen, die ebenfalls Vernunft besitzen und sich ihrer bewusst sind. Um nun die Erfahrung des Unvernünftigen erklären zu können, postulieren beide, dass der Mensch diese besonderen Merkmale nicht von vornherein in vollkommener Ausprägung besitzt. Kant postuliert sogar einen Antagonismus - die „gesellige Ungesellligkeit" -, um die Entwicklung der Vernunft dialektisch in der Geschichte zu motivieren. Für Kant wird der Mensch nur durch Erziehung zum Menschen, genauer sagt er: durch „Versuche, Übung und Unterricht"[3]. Die *Differentia spezifica* des Menschen im Verhältnis zu den anderen Erdbewohnern ist bei Kant die Vernunft. Kant definiert Vernunft als das Vermögen, über Naturinstinkte hinaus, die Regeln und Zwecke des Gebrauchs der eignen Kräfte zu erweitern.[4] Kraft seiner Vernünftigkeit ist der Mensch gezwungen, frei zu sein, kein Instinkt sagt ihm, was gut oder schlecht für ihn ist, er muss es selbst entdecken, selbst erkennen. Vernunft definiert Hegel als das, was Maß und Ziel in sich hat[5]. Vernunft sei „das ganz frei sich selbst bestimmende Denken"[6] Nun kommt bei Hegel noch hinzu: der Geist, dessen Wesensbestimmung die Freiheit sei[7], das Bei-sich-selbst-Sein, das Selbstbewusstsein. „Vernunft ist die Gewissheit des Bewusstseins, alle Realität zu sein."[8] und „Die Vernunft ist Geist, indem die Gewissheit, alle Realität zu sein, zur Wahrheit erhoben, und sie sich ihrer selbst als ihrer Welt und der Welt als ihrer selbst bewusst ist."[9] Geist ist, einfach gesagt, bei Hegel das Selbstbewusstsein der Vernunft. Und dies besteht in der vermeintlichen Gewissheit, dass Vernunft und Realität identisch seien. Der Geist wird nicht aus der Materie abgeleitet. Materie, als ein System der Vernunft, ist einfach noch nicht selbstbewusste Vernunft. Die Vernunft gilt beiden als autonom. Kant, weil sie die Bedingung der Möglichkeit von Erkenntnis überhaupt darstellt, daher nicht

---

[3] I. Kant, Werkausgabe Bd. XI, Frankfurt a.M. 1977, S. 35 (K XI)
[4] K XI, S.35
[5] G.W.F. Hegel, Vorl. Ü. d. Philosophie d. Gesch., Stuttgart 2002, S. 126 (HV)
[6] HV, S. 53
[7] HV, S. 58
[8] Hegel, Phänomenologie des Geistes, Stuttgart 2003, S. 172 (PDG)
[9] PDG, S. 310

hintergangen werden kann. Hegel aus metaphysischen Gründen: Vernunft sei das wahrhaft Reale, das herrschende Prinzip des Seienden. Vernunft sei also auch in der Geschichte zu entdecken. Kant begründet seine Wesensbestimmung *ahistorisch* im „Faktum der Vernunft", ahistorisch deshalb, weil der Bereich der Empirie, also auch des Historischen, keine Erkenntnis der Wesensmerkmale der menschlichen Vernunft zulässt. Die Diversität der menschlichen Realitäten begründet für Kant keine Diversität der menschlichen Vernunft. Vernunft ist bei aller Verschiedenheit der Individuen dieselbe. Das individuelle Selbstbewusstsein begründet bei Kant die Universalität der Vernunft, und, daraus abgeleitet, die Universalität des Moral- und Rechtsbegriffs. Die geschichtsphilosophischen Entwürfe von Kant und Hegel insistieren im Kern beide auf einer teleologischen Interpretation der menschlichen Geschichte. Dies ist das Gemeinsame: die Weltgeschichte sei ein zielgerichteter Prozess, der bei Kant „die vollkommene bürgerliche Vereinigung in der Menschengattung"[10] zum Ziel und Zweck habe, bei Hegel „das Bewusstsein des Geistes von seiner Freiheit und eben damit die Wirklichkeit seiner Freiheit."[11] Dies Gemeinsame unterscheidet ihre Konzeption aber auch grundlegend vom (post-)modernen Geschichtsverständnis: Der Postmodernismus „plädiert für eine Abkehr von den Ideen des Fortschritts (Emanzipation) und der Kontinuität in der Geschichtsschreibung sowie für ein Ende der Annahme, dass die Menschen als autonome und rationale Subjekte handelten." Man wendet sich von den „Makrogeschichten"

---

[10] K XI, S. 47
[11] HV, S. 61

ab und den „dezentrierten Mikrogeschichten" zu[12]. Die Frage ist, *inwiefern für Kant und Hegel die „autonomen und rationalen Subjekte" auch die Subjekte ihrer Geschichte sind.* Offenkundig ist das selbstbewusst handelnde, seinen partikularen Einsichten, Interessen und Leidenschaften folgende Individuum *weder bei Kant noch bei Hegel die wahre Quelle der Zweckmäßigkeit und Zielgerichtetheit in der Geschichte.* Im Gegenteil, die handelnden Individuen erfüllen den Zweck der Geschichte blind, unbewusst - obwohl diese Vokabel nicht fällt -, ohne ihr Wissen und oft gegen ihre Absichten. Sie handeln also unfrei bezüglich der Absichten, die nicht die ihren sind und die sie dennoch angeblich realisieren. Und nun soll, laut Kant, die Naturabsicht, und laut Hegel, der Plan der Vorsehung genau darin bestehen, die Freiheit politisch zu realisieren? Wenn in der Geschichte aber Freiheit politisch realisiert wurde, dann, weil die handelnden Menschen dies wollten, weil es ihre Absicht war. Wenn man erklären will, dass Menschen unbewusst und ohne Absicht nach politischer Freiheit streben, dann kann man ihnen auch erklären, dass sie - unbewusst und ohne Absicht - schon im Zustand der Freiheit sich befinden.

---

[12] Christoph Cornelißen, Das Studium der Geschichtswissenschaften, in: Ch. Cornelißen, Geschichtswissenschaften, Frankfurt a. Main 2000

3.
„Naturabsicht" oder „List der Vernunft"?

Für Kant ist die „teleologische Urteilskraft" indes eher eine *façon de parler*. Für ihn kann man die Geschichte so darstellen, *als ob* in ihr eine Vorsehung walte. So schreibt er in der *Kritik der Urteilskraft*:

„Würden wir (...) in der Natur absichtlich-wirkende Ursachen unterlegen, mithin der Teleologie nicht nur ein regulatives Prinzip (...), sondern durchaus auch ein konstitutives Prinzip (...) zum Grunde legen, so würde der Begriff eines Naturzweckes (...) eine neue Kausalität in der Naturwissenschaft einführen, die wir doch nur von uns selbst entlehnen (...)"[13]

Kant erkennt also in aller Deutlichkeit, dass die Idee der Naturabsicht nur eine Analogie zur menschlichen Intentionalität ist. Für Hegel dagegen ist die Einsicht in den notwendigen und zielgerichteten Prozess der Geschichte von zentraler Bedeutung. Hegel glaubte mit seiner dialektischen Methode das technische Rüstzeug für eine Logik des Werdens in der Hand zu haben, während Kant an der aristotelischen Logik - an dem klassischen Bivalenz-Prinzip insbesondere - festhielt und daher, aus Hegels Sicht, im Grunde unfähig war, das Phänomen der Geschichtlichkeit überhaupt zu begreifen. Dabei stellt in der Tat das teleologische Geschichtsdenken den Gedanken der Geschichte selbst in Frage. Wenn das Resultat bereits feststeht, dann ist die Zeit eine Fiktion. Auch das Wollen und Handeln der

---

[13] K X, S. 307

Individuen spielt nur insofern eine Rolle, als es den vernünftigen Zweck der Geschichte immer erfüllt, gleichgültig, ob sie aus eigner Perspektive scheitern. Das Konzept der Realisierung eines Zieles darf Aspekte des Risikos, des Zufalls im Sinne subjektiver Wahrscheinlichkeit nicht ausschließen. Dass ein Ziel im Sinne einer Absicht bei menschlichen Akteuren angenommen werden kann, die planvoll handeln, schließt Scheitern nicht aus. Aber die Idee eines göttlichen Akteurs schließt ein Missglücken des Heilsgeschehens von vornherein aus. Das teleologische Denken ist bei beiden mit der Gottesidee verknüpft: Gott als Schöpfer dessen, was existiert, ist selbstbewusste Person mit Willen und Absichten. Die Weltgeschichte als Bühne des Handelns ebenfalls selbstbewusster Personen mit Willen und Absichten ist der Bereich, in dem sich, nach Hegel, Gottes Wille und Absicht realisiert. Kant sagt in seiner Abhandlung lange statt „Gott" „Natur" und er bleibt bis zum Schluss schwankend. - Um die empirische Beschreibung der realen handelnden und leidenden Menschheit mit dem Konzept einer Geschichtsteleologie, einer Vorsehung, eines göttlichen Plans kohärent verknüpfen zu können, beanspruchten sie den Begriff der „List" bzw. Absicht. „Naturabsicht" bei Kant, „List der Vernunft" bei Hegel. „List" hatte im Mittelhochdeutschen die Bedeutungen „Wissenschaft", „Weisheit", „Kunst", aber auch schon „Trick". Wir müssen auch bei Hegel „List" in dieser doppelten Bedeutung von „Weisheit" und „Trick" verstehen; vor allem aber müssen wir in Rechnung stellen, dass List Intentionalität voraussetzt. Absichtliches, zielbewusstes und planvolles Handeln ist uns aber nur von Menschen und einigen Tieren bekannt. Die Natur bei Kant, Gott oder

der Weltgeist bei Hegel bedienen sich der partikularen Absichten, Interessen und Leidenschaften der handelnden Menschen, um ihre eignen, von diesen abweichende Zwecke durchzusetzen. Das impliziert bei Kant wie bei Hegel, dass das individuelle Handeln selbstbewusster Personen nicht (nur) von deren eignen Intentionen motiviert ist; aber auch nicht von materiellen Faktoren, die kausal erklärbar, ansonsten aber kontingent wären. Das Handeln der Individuen - und darunter versteht Hegel in Ansehung der Weltgeschichte nicht nur die großen Einzelnen, sondern die Staaten - folgt ihnen verborgenen Absichten der Natur bzw. Gottes. Diese sind also, wenn man die Intentionalität zur zentralen Kategorie der Beschreibungen von Handlungen machen will, die eigentlichen Akteure in der Weltgeschichte. Eine Geschichtsphilosophie, in der *nicht* die handelnden menschlichen Individuen mit ihren Absichten und Interessen die Akteure sind, *sondern* metaphysische Instanzen wie Gott oder die Natur (oder, eine moderne Variante, „die Gene") als bewusst planende Subjekte des Geschichtsprozesses auftreten, mystifiziert Geschichte. Dies gilt unbeschadet materieller und struktureller Determinanten, die Einfluss auf das Handeln haben, auch unbeschadet eines selbstbetrügerisch motivierten Handelns, Handlungssubjekte, denen man Absichten und Pläne zuschreiben kann, sind immer konkrete Individuen; keine Abstrakta wie „Natur" oder leere Individuen-Konstanten wie „Gott" oder Kollektivsingulare wie „das Volk". Denn Bewusstsein, Selbstbewusstsein, Handlungsabsichten und Handlungsplanung kommen nur individuellen Trägern zu. Das schließt nicht aus, dass Individuen sich durch Kommunikation und Kooperation eines gemeinsamen Bewusstseins (dann im Sinne einer gleichen Sicht,

Perspektive, Wahrnehmung, Anschauung etc.) versichern, sich diesbezüglich auch manipulieren, oder dass individuelle Handlungsabsichten zu einem großen Plan koordiniert werden. Ebenso kann Freiheit kein absoluter Zweck sein, so wenig es eine absolute Freiheit gibt. Frei sind immer Individuen von etwas und zu etwas. Indem Hegel seine Geschichtsphilosophie und mithin seine Konzeption des Individuums in eine metaphysisch-kosmologische Perspektive rückt und wie die Vorsokratiker, insbesondere Anaxagoras, aber für sein Logik-Verständnis vor allem Heraklit, nach der Arché und mit Aristoteles nach dem Fundamentalprinzip des Seienden fragt, nach dem Einen in der Vielheit, dem Identischen in der Verschiedenheit, dem Unbedingten im Bedingten, gewinnt er einen metaphysischen Freiheitsbegriff. Kant hat dagegen eine andere geschichtsphilosophische Konzeption, trotz der skizzierten Ähnlichkeit, als Hegel, denn aus erkenntniskritischer Perspektive ist absolute Freiheit - das Vermögen, eine Handlungskette zu beginnen - eine nützliche, zwar moralisch notwendige Fiktion. Aber eben - aus Sicht der Erfahrung - eine Fiktion. Hier sind nun zwei Bemerkungen notwendig. Erstens setzt sich Hegel in weit größerem Maße als Kant der Gefahr der Mystifizierung des Geschichtsprozesses aus, denn Kant sieht in der teleologischen Urteilskraft eine mögliche, aber nicht wahre Beschreibungsform. Hegel dagegen hält seine Beschreibung für die wahre und einzig richtige Darstellung. Zweitens versucht Kant denn doch ein etwas anders gelagertes Problem zu lösen, es ist das eher *didaktische* Problem, wie man jetzt Handelnde davon überzeugen könne, dass eine bürgerliche Gesellschaft das einzig richtige sei. Eine gute Methode wäre es denn, ein Geschichtsmodell zu konstruieren, in dem alles auf eine solche vollkommene Verfassung hinausläuft. (Man könnte genauso gut ein Geschichtsmodell konstruieren, in dem alles daran arbeitet, sie zu verhindern...). Geschichtsmodelle fungieren hier als Argumente in einem Diskurs, in dem es um die Frage geht, wie man leben soll. Kant ist aus anderen Gründen als geschichtsphilosophischen davon überzeugt, dass die bürgerliche Verfassung die einzig zivile Gesellschaftsform ist, in der sich der Mensch seinen Anlagen gemäß entwickeln kann. Er begründet deren Notwendigkeit moralisch aus dem kategorischen Imperativ. Während Kant seine Geschichtsphilosophie - also den Versuch, in der Vielfalt historischer Ereignisse ein einheitliches Prinzip zu entdecken - didaktisch motiviert und also voraussetzt, dass die Art der Geschichte, die man über die Vergangenheit erzählt, das künftige Handeln beeinflusst, meint Hegel in der Geschichte die Entwicklungsstufen des Weltgeistes, und damit *wirklich* den Plan der Vorsehung erkannt zu haben. Die Begriffe der List bzw. Absicht stellen den Versuch einer Lösung des entscheidenden Problems beider Geschichtsphilosophien dar, dabei lautet die grundlegende Fragestellung bei Kant so: Wie die ganze Menschheit sich i n der geschichtlichen Realität einem Zustand - dem des bürgerlichen Staates - nähern solle, den sie nicht gemeinschaftlich, als Subjekt eines zielorientierten und planvollen - also vernünftigen - Handelns, anstrebt. Hier sieht Kant sowohl die Vor- als auch Nachteile von Kriegen, Verwüstungen, Schuldenlast und Beeinträchtigungen des Welthandelns in Zeiten der frühen Globalisierung: „...der Einfluss, den jede Staatserschütterung in unserem durch seine Gewerbe so sehr verketteten Weltteil auf alle anderen Staaten tut..."[14]. Der Kunstgriff der Natur besteht dann darin, durch die unerträglichen Folgen ihres Handelns die Menschheit zu veranlassen, einen Zustand herbeizuführen, der die Bedingung der Möglichkeit ist, dass alle, unter einem allgemeinen Gesetz stehend, ihre Kräfte und Freiheiten entfalten, ohne einander zu beschädigen. Damit käme die Zweckbestimmtheit des Menschen über den Umweg der Erfahrung unzweckmäßigen Handelns ans Ziel. Nach Kant kann und soll man aus der Geschichte lernen - historia magistrae vitae! -, wie denn auch das Individuum aus seiner Geschichte lernt. Dies ist der Kern der Vernünftigkeit. Kant postuliert nicht nur als anthropologischen Grundantagonismus die „gesellige Ungeselligkeit" des Menschen, einen permanenten Konflikt zwischen dem individuellen Verlangen zur Kooperation einerseits und zur Dominanz andererseits. Zur Wesensbestimmung gehört auch die Vernunft, die Freiheit, durch Erfahrung und Erfindung sich eine Lebensform - und damit Staatsform - zu geben, in der der anthropologische Grundkonflikt nicht zu Krieg und Verwüstung, sondern zu Kultur, Zivilisation, schließlich Moralität führt. Die Vernunft lehrt uns, rechten Gebrauch unserer Fähigkeiten zu machen, sie zielgerecht und planvoll im Dienst unserer „Glückseligkeit oder Vollkommenheit"[15] einzusetzen. Diese Überzeugung wird langsam brüchig.

---

[14] K XI, S. 47
[15] K XI, S. 36

4.
Der Egoist als Weltbürger

Obwohl Kant und Hegel von ähnlichen Prämissen ausgehen, kommen sie doch zu ganz entgegengesetzten Schlussfolgerungen. Und das liegt daran, dass Kant zwischen dem „Geschehen" und der „Geschichte" im Sinne der Darstellung unterscheidet, Hegel nicht. Das wird auch schon am vorsichtigen Sprachgebrauch Kants deutlich. Im Titel charakterisiert Kant seine kleine Schrift „Idee zu einer allgemeinen Geschichte in weltbürgerlicher Absicht" von 1784 als einen geschichtsphilosophischen Essay. Der Aspekt des Philosophischen kommt durch den Terminus „Idee" zur Sprache, der unbestimmte Artikel „einer" betont das Provisorische dieser Arbeit; „allgemeine Geschichte" kann im Verbund mit dem unbestimmten Artikel als Geschichtsdarstellung – „histoire" -, im Unterschied zur Geschichte als Geschehen verstanden werden. Der Gegenstandsbereich des Essays ist damit auch ausgesprochen: es geht um die Darstellung der Geschichte als Ganzes. Zunächst wird offengelassen, ob es sich nur um die Geschichte der Menschheit handelt oder ob auch die Naturgeschichte mitgemeint ist. Präsupponiert wird hier, dass eine Idee zu einer allgemeinen Geschichte überhaupt kohärent gedacht werden kann. Mit dem Terminus „Idee" wird zugleich gesagt, dass die Konzeptualisierung einer allgemeinen Geschichte ein nicht-empirischer Begriff der reinen Vernunft ist. Das heißt, dass mit der Idee zu einer allgemeinen Geschichte die „Möglichkeit der Erfahrung"[16] überschritten wird, aber die theoretische Reflexion über

---

[16] K III, B377

die Geschichte unter den Anspruch einer „systematischen Einheit"[17] gestellt wird. Ideen sind bei Kant regulative Prinzipien, denen keine „objektive Realität"[18], sondern nur „praktische Kraft"[19] zukommt. Es wird also nicht unterstellt, dass es eine singuläre allgemeine Geschichte als Geschehen (ontologisch-empirisch) gebe, sondern nur, dass wir einen Vernunftbegriff davon haben können, der „der Möglichkeit der Vollkommenheit gewisser *Handlungen* zum Grunde" liegt[20]. Pointiert schreibt er in „Über Pädagogik":

"Eine Idee ist nichts anderes als der Begriff von einer Vollkommenheit, die sich in der Erfahrung noch (sic!) nicht findet."[21]

Mithin ist die „Idee" näher als Vorentwurf zu einem *künftigen Geschichtsverlauf* zu interpretieren. Schließlich ist in der Präpositionalphrase „in weltbürgerlicher Absicht" der Zweck des Unternehmens angesprochen, obwohl zunächst noch eine Mehrdeutigkeit zu bemerken ist: „in weltbürgerlicher Absicht" kann heißen, dass Kant die Schrift als Weltbürger verfasst habe oder zum Zweck der (didaktisch-pädagogischen) Beförderung des Weltbürgertums oder aber, dass die Idee selbst als eine weltbürgerliche zu bestimmen sei. Mir erscheint es am angemessensten, die „praktische Kraft" der Einheitskonzeption von Geschichte in Hinblick auf die Beförderung des Weltbürgertums zu lesen. Kant geht es in seiner Schrift darum, einen

---

[17] Proleg. § 56, Akad.-Ausg. IV, 350
[18] K IV B 597
[19] ebd.
[20] ebd.
[21] K ÜPäd A10/11

Vorschlag zu unterbreiten, wie und auf welche Weise die Geschichte als Ganzes systematisch in Hinblick auf das praktische Ziel der Vollkommenheit bestimmter Handlungen verstanden, d.h. interpretiert werden könne. Damit ist ausgesprochen, dass die Idee sowohl als weltbürgerliche Theorie der Geschichte als auch als weltbürgerliche Praxis der Geschichte *noch nicht realisiert sei, aber realisiert werden solle.* Denn die Idee einer weltbürgerlichen Praxis und ihren Zusammenhang mit der Idee einer weltbürgerlichen Theorie der Geschichte charakterisiert Kant in den einleitenden Bemerkungen:

„Da die Menschen in ihren Bestrebungen nicht bloß instinktmäßig, wie Tiere, und doch auch nicht, wie vernünftige Weltbürger, nach einem verabredeten Plane, im Ganzen verfahren: so scheint auch keine planmäßige Geschichte (...) von ihnen möglich zu sein."[22]

Gerade weil die Menschen nicht wie Weltbürger, nämlich vernünftig, d.h. kooperativ und sich an gemeinsamen Zielen orientierend handeln, *lässt sich die unvernünftige Praxis der Geschichte auch nicht als vernünftige Theorie der Geschichte betrachten,* jedenfalls so lange nicht, als unter Vernunft nur die den Menschen eigene Vernunft, und nicht auch eine andere, fremde Vernunft verstanden wird. Etwa die eines Weltgeistes. Man kann sich Geschichte nicht als vernünftig denken, ohne den Tatsachen Gewalt anzutun. Und, prospektiv, den Menschen Gewalt anzutun, die in ihrer Geschichte wollen, handeln und leiden. Bleibt also als letztes eine nähere Bestimmung des Begriffs des

---

[22] K XI, A 387,388

„Weltbürgers" bei Kant. In der Vorrede zur „Anthropologie in pragmatischer Hinsicht" definiert Kant die pragmatische Anthropologie als „Weltkenntnis", welche „die Erkenntnis des Menschen als Weltbürger" enthalte[23], deren Zweck darin bestehe, das zu erforschen, was der Mensch, „als freihandelndes Wesen, aus sich selbst macht, oder machen kann und soll."[24] Das Wollen, Machen, Können und Sollen des Menschen als ein sich selbst in seinem Handeln bestimmendes Wesen bildet den Gegenstand der pragmatischen Anthropologie in Rücksicht auf den Gebrauch und die Verbesserung der Anlagen und Fähigkeiten[25]. Der Weltbürger ist also nicht nur ein kooperatives, vernünftiges, zielorientiert-systematisch handelndes Wesen, sondern auch Mitglied der „weltbürgerlichen Gesellschaft (cosmopolitismus)"[26]. Diese indes ist, als „an sich unerreichbare Idee", „aber kein konstitutives (...), sondern nur ein regulatives Prinzip"[27]. Als regulative, also *orientierende, richtungsweisende Idee ist der Kosmopolitismus die „Bestimmung des Menschengeschlechts"[28]*, die sowohl als „natürliche Tendenz" vorhanden als auch als Kulturaufgabe zu realisieren sei, welcher „Endzweck" allerdings *nicht vom Individuum,* sondern nur von der Gattung stets nur in Näherung erreicht werden könne:

---

[23] Anthropol. BA III, IV, V, VI, VII; VIII, IX
[24] ebd. BA III, IV, V
[25] ebd.
[26] ebd. A 332
[27] ebd. B 330,331
[28] ebd.

„...so, dass sich das menschliche Geschlecht nur durch Fortschreiten, in einer Reihe unabsehlich vieler Generationen, zu seiner Bestimmung emporarbeiten kann; wo das Ziel ihm doch immer noch im Prospekte bleibt, gleichwohl aber die Tendenz zu diesem Endzwecke zwar wohl öfters gehemmt, aber nie ganz rückläufig werden kann."[29]

Diese Formulierung impliziert offenkundig, dass das Individuum als Weltbürger in einem noch größeren Maße „ideal", d.h. in der Erfahrung nicht vollkommen realisierbar, ist, als der Weltbürgerstaat selbst. Der Mensch, der als Individuum wie als Gattung vom Natur- zum Kulturwesen erzogen werden müsse, und zwar durch Disziplinierung, Kultivierung und Moralisierung[30], bleibt als Individuum lebenslänglich in diesem pädagogischen Prozess, ohne jemals seinen Zweck, eine freie, vernünftige Person zu sein, der die Grundsätze der Vernunft „zur anderen Natur"[31] geworden wären, zu erreichen. Das Ziel der Erziehung des Individuums wird also von Kant in der progressiven Approximation des Weltbürgerstaates gesehen, denn da die Menschheit

„nicht als böse, sondern als eine aus dem Bösen zum Guten in beständigem Fortschreiten unter Hindernissen emporstrebende Gattung vernünftiger Wesen darzustellen" sei und außerdem „die Erreichung des Zwecks nicht von der freien Zustimmung der *einzelnen*" zu erwarten sei, könne der Zweck „nur durch fortschreitende Organisation der Erdbürger in und zu der Gattung als einem System,

---

[29] ebd. B317
[30] ebd. B 22,23,24
[31] K üPäd A 11,12

d.h. kosmopolitisch verbunden (...) erwartet werden (...)"[32].

Warum kann das Projekt einer globalen Organisation der Menschheit in einem republikanischen System, d.h. unter einer politischen „Gewalt, mit Freiheit und Gesetz"[33] nicht auf die Zustimmung aller Individuen gegründet werden? Eine der Quellen ist der in der physischen Natur wurzelnde Egoismus des Menschen. Der Egoismus in seiner von Kant gekennzeichneten dreifachen Gestalt - als logischer, ästhetischer und moralischer Egoismus - gehört zu den natürlichen Neigungen des Menschen, die mit der Entstehung des Selbstbewusstseins und dem Spracherwerb - und folglich mit dem Menschen nicht nur als Natur-, sondern auch als Kulturwesen - in enger Verbindung stehen:

„Von dem ersten Tage an, da der Mensch anfängt, durch Ich zu sprechen, bringt er sein geliebtes Selbst, wo er nur darf, zum Vorschein, und der Egoism schreitet unaufhaltsam fort."[34]

Dem Egoismus setzt Kant den Pluralismus entgegen, den er als eine bestimmte „Denkungsart" charakterisiert:

„(...) sich nicht als die ganze Welt in seinem Selbst befassend, sondern als einen bloßen Weltbürger zu betrachten und zu verhalten."

Der Mensch, der sich als Weltbürger betrachtet und beträgt, überprüft „sein Urteil auch am Verstande anderer"[35]

---

[32] K Anthropol. B 332
[33] ebd. B329
[34] ebd. BA 5,6
[35] ebd. BA 7

und „isoliert" sich nicht mit seinem Urteil[36], er setzt nicht den eignen „Nutzen" und die eigne „Glückseligkeit" als „obersten Bestimmungsgrund seines Willens", sondern die Pflichtvorstellung[37]. Aber es wäre wohl verfehlt, hier einen kontradiktorischen Gegensatz zwischen dem Egoismus des Menschen als Naturwesen und dem „Pluralismus", im Sinne der selbstrelativierenden „Denkungsart", des Menschen als Kulturwesen (oder Weltbürger) zu postulieren. Im Gegenteil, Kant versucht, den Übergang vom Menschen als physischem zum Menschen als sittlichem Wesen aus der einen Natur des Menschen zu erklären. Die Kultur des Menschen entspringt seiner Natur als einem - von Natur - mit Vernunft begabten Wesen[38]. Kant bestimmt den „Bürger" als selbstständiges „Glied eines gemeinen Wesens"[39] und genauer den „bürgerlichen Zustand" als einen „rechtlichen", der von den drei apriorischen Prinzipien der Freiheit, Gleichheit und Selbständigkeit begründet wird[40]. Der Mensch ist also zunächst insofern Bürger als er „Glied irgendeiner bürgerlichen Gesellschaft" sei[41]. In „Über den Gemeinspruch" führt Kant über die notwendigen Qualitäten des Bürgers (citoyen) aus, dass er *männlich und ökonomisch wie sozial unabhängig* sei[42]. In der „Kritik der reinen Vernunft" bestimmt Kant

---

[36] ebd. BA8

[37] ebd. BA 8,9

[38] Kants Konzeption von Natur, Kultur und Vernunft ist aber paradox, wie später zu zeigen sein wird. Hier nur der Hinweis, dass der Spracherwerb bei Kant zugleich Quelle des Egoismus als auch des Pluralismus ist.

[39] K ÜdGemeinspr. A 235, 236

[40] ebd. Man bemerke den Anklang an den Wahlspruch der Franzosen; nur fehlt bei Kant die Solidarität (Brüderlichkeit). Sie wird durch die Pflicht ersetzt.

[41] K Anthropol. B 328

[42] K ÜdGemeinspr. A 246

den Weltbegriff als „Inbegriff aller Erscheinungen" bzw. als „absolute Totalität des Inbegriffs existierender Dinge", er unterscheidet hier also einen empirischen und einen transzendentalen Weltbegriff[43], beide Weltbegriffe sind aber als „Ideen insgesamt transzendent"[44], d.h. übersteigen die mögliche Erfahrung, sowohl im Hinblick auf den Umfang („Inbegriff aller Erscheinungen") als auch in Hinblick auf die Objekte („Dinge" sind kein Gegenstand der Erfahrung). Kant konzipiert die regulative Idee der *Einheit der menschlichen Geschichte* als ein philosophisches Geschichtsmodell. Dabei verfolgt er die pragmatische Absicht, den in der individuellen wie gesamtmenschlichen Geschichte erkennbaren Übergang von einem Zustand der Natur zu einem der Kultur als einen vernünftigen und wünschenswerten Übergang - und als in der Natur des Menschen verwurzelt - zu betrachten und mithin auch zu wollen. Geschichtsphilosophie ist, wie die Anthropologie und Pädagogik, in der Systematik der Kantischen Philosophie, Teil der praktischen Philosophie, d.h. sie umfasst „Sätze, welche eine allgemeine Bestimmung des Willens enthalten."[45]. Sind diese Sätze nicht nur Maximen der praktischen Klugheit, sondern auch Gesetze der reinen praktischen Vernunft, dann verfahren sie nicht allein empirisch, sondern auch transzendental, insofern diese apriorisch gewonnen werden. Dies geschieht beispielsweise, wenn Kant in der Vorrede zur „Anthropologie in pragmatischer Hinsicht" bestimmt, dass sich pragmatische Anth-

---

[43] KdrV B 446,447
[44] KdrV B447,448
[45] KdpV A35,36

ropologie als Weltwissen auf den Menschen als Selbstzweck[46], als „mit Vernunft begabtes Erdwesen", als „frei-handelndes Wesen"[47] beziehe. Diese Bestimmungen sind nicht der Erfahrung entnommen, sondern sind, in der Kantischen Systematik, apriorische Erkenntnisse der reinen praktischen Vernunft. Aufgabe eines genuin philosophischen Geschichtsmodells ist es nach Kant, die Vielfalt menschlichen Handelns im Prozess der Zeit als systematische Einheit darzustellen, d.h. unter einer regulativen Idee der reinen Vernunft. Damit enthalten die menschlichen Handlungen aber notwendig eine Bestimmung, die Geschichte enthält dann einen notwendige Zweck. In der Dimension der Zeit - und das heißt, der Erfahrung, der Kausalität und Veränderung - soll der Mensch als Individuum und als Gattung sich dem Zustand des Kosmopolitismus nähern, wenn auch Kants Zentralkonzept der Autonomie der Vernunft, also die Freiheit, *kein Gegenstand möglicher Erfahrung* sei. Dieser Zweck kann aber nur realisiert werden, wenn wir auch unsere *Ziele* danach ausrichten. Wie soll dies geschehen, wenn wir unsere Freiheit nicht erfahren können?

---

[46] „Dieses Prinzip der Menschheit und jeder vernünftigen Natur überhaupt, als Zwecks an sich selbst (...), ist nicht aus der Erfahrung entlehnt, (...), sondern als objektiver Zweck, der, wir mögen Zwecke haben, welche wir wollen, als Gesetz die oberste einschränkende Bedingung aller subjektiven Zwecke ausmachen soll, vorgestellt wird, mithin aus reiner Vernunft entspringen muss." Grundleg.z. Metaph.d.Sitten BA70
[47] Anthropol. BA III, IV, V, VI

5.
Aufhebung der Gegensätze als einziges Interesse der Vernunft?

Handelt es sich hierbei um eine Paradoxie, die dem durchgängigen Dualismus bei Kant geschuldet ist? Freiheit kann für Kant kein Gegenstand möglicher Erfahrung sein, da die Welt der Erfahrung durchgehend kausal determiniert ist. Freiheit als intelligible Idee kommt nur dem transzendentalen Subjekt zu, nicht dem empirischen. Wie sollen sich dann Freiheit und Vernunft in der Geschichte - also in Raum, Zeit und Kausalität - realisieren? Allgemeiner gefragt: Auf welche Weise realisiert sich das Noumenon als Phänomenon? Kants Denken ist von den ererbten Dualismen der philosophischen Tradition durchdrungen. Jedenfalls ist das die Ansicht Hegels. Hegels Ansatz basiert auf dem Grundsatz, dass die „Entzweiung" aufgehoben werden müsse. So schreibt Hegel in „Differenz des Fichte'schen und Schelling'schen Systems der Philosophie" durchaus auch mit Seitenblick auf Kant:

„Die Gegensätze, die sonst unter der Form von Geist und Materie, Seele und Leib, Glaube und Verstand, Freiheit und Notwendigkeit usw. (...) sind im Fortgang der Bildung in die Form der Gegensätze von Vernunft und Sinnlichkeit, Intelligenz und Natur (und), für den allgemeinen Begriff, von absoluter Subjektivität und absoluter Objektivität übergegangen. Solche festgewordenen Gegensätze aufzuheben, ist das einzige Interesse der Vernunft."[48]

---

[48] G.W.F. Hegel, Jenaer Schriften 1801-1807, Werke Bd. 2, Frankfurt a. M. 1986, S. 21. Auf die offenkundigen Zusammenhänge mit Nietzsches Philosophie kann ich hier nur hinweisen, der Leser möge sich selbst seinen Reim darauf machen.

Es ist also nur folgerichtig, wenn Hegel eine andere Geschichtskonzeption als Kant entwickelt. Trotz oberflächlicher Gemeinsamkeiten gibt es tiefgreifende Differenzen. Hegels Diktum, dass die Wirklichkeit (auch die der geschichtlichen Welt) so sei, wie sie sein solle[49] , markiert den Bruch mit der Geschichtsphilosophie der Aufklärung und auch mit Kants Geschichtskonzept. Während für Hegel sich in der Geschichte die Vernunft verwirklicht, so dass er die Differenz zwischen Geschichte und Vernunft bestreiten und ihre Einheit - als Vernünftigkeit der Geschichte und Geschichtlichkeit der Vernunft - behaupten kann, postuliert Kant die Wirklichkeit der Vernunft als *unerreichbaren Grenzwert der Geschichte,* als einen Zustand, dem die Menschheit sich annähern solle, ohne ihn je tatsächlich ganz erreichen zu können. Für Kant besteht die Rechtfertigung der Geschichte darin, dass die Irrungen und Wirrungen des Menschen am Ende doch zu einer (annähernden) Verwirklichung der Vernunft in einer bürgerlich verfassten Gesellschaft führen. Für Hegel ist die Geschichte in jedem ihrer Momente gerechtfertigt. Man kann indes fragen, ob Kant nicht selbst in seiner Anthropologie und Geschichtsphilosophie Ansätze entwickelt hat, die jenseits eines starren Dualismus zwischen transzendentalem und empirischem Subjekt, zwischen Erscheinung und Ding an sich, Freiheit und Notwendigkeit positioniert sind, so dass Hegels Kant-Lektüre kritisiert und seine eigene Lösung zurückgewiesen werden könnte. Wo genau die Differenzen zwischen beiden geschichtsphi-

---

49 HV, S. 83

losophischen Konzepten liegen und welche Konsequenzen diese für die politische Theorie hatten bzw. haben können. Und, schließlich, ob nicht Kants eigne Versuche zur Überwindung des Dualismus zwischen „Natur" und „Kultur" durch das Postulat eines antagonistischen Konflikt-Modells der menschliche Natur und durch die Annahme einer in der menschlichen Natur angelegten, aber sich erst an der Erfahrung entwickelnden Vernunft als erfolgsversprechender anzusehen sind als der Versuch Hegels, die Vernunft und damit die Aufhebung aller Antagonismen als das *ens realissimum* zu erweisen. Der Mensch bei Kant erscheint von Natur als Kulturwesen, das lebenslänglich notwendig auf die Leitung durch die Vernunft angewiesen ist und sich immer im Prozess der Kultivierung befindet. Das ist realistischer als Hegels Idee, dass der absolute Geist in der menschlichen Geschichte zu sich selbst komme. Kant ist außerdem methodologisch reflektierter als Hegel, indem er „Begriff" und „Wirklichkeit" trennt. Weil Kant überhaupt zwischen Darstellung und Dargestelltem unterscheidet, gelingt es ihm auch, zwischen einer vernünftigen Geschichtskonzeption und einem Konzept der Vernunft in der Geschichte (als Geschehen) zu unterscheiden. Für Hegel ist eine vernünftige Geschichtskonzeption identisch mit dem Konzept einer vernünftigen Geschichte. So schreibt Hegel in den „Vorlesungen über die Philosophie der Geschichte":

„Geschichte vereinigt in unserer Sprache die objektive sowohl als subjektive Seite und bedeutet ebenso gut die *historiam rerum gestarum* als die *res gestas* selbst; sie ist das Geschehen nicht minder wie die Geschichtserzählung. Diese Vereinigung der beiden Bedeutungen müssen wir

für höhere Art als eine bloß äußerliche Zufälligkeit ansehen (...)."[50]

Im Hintergrund dieser beiden Varianten der Geschichts-
deutung stehen meines Erachtens Fragen, die die Notwendigkeit im Geschichtsverlauf betreffen: Erzwingt das
Postulat eines (objektiven) Zwecks in der Natur die Auffassung, dass dieser Zweck notwendig erreicht bzw. sich ihm
angenähert werde? Ist die Geschichte als Entwicklung der
Menschheit auf ein Ziel hin, der Fortschritt, determiniert?
Anders gefragt: ist der „Fortschritt" ein quasi naturnot-
wendiges, ja naturgesetzliches Müssen oder nur ein moralisch einforderbares Sollen? Meines Erachtens ist eine
Annäherung an diese Fragen nur möglich, wenn zunächst
geklärt wird, was Kant als Gegenstandsbereich seiner
Überlegungen spezifiziert, was er unter „Geschichte"
überhaupt versteht.

---

[50] HV, S. 114

6.
Das anthropologische Konflikt-Modell - Vorgriff auf ein dialektisches Geschichtsverständnis?

Kants Geschichtskonzeption ist nicht nur als eine pädagogische zu beurteilen, sondern er entwickelt sie auch aus seiner Anthropologie[51]. Der systematische Zusammenhang zwischen Anthropologie und Pädagogik lässt sich aus dem apodiktischen Satz: *„Der Mensch kann nur Mensch werden durch Erziehung."*[52] ersehen. Ich stelle hier Kants *neun* Sätze, die seine „Idee" spezifizieren und konkretisieren und zugleich die Prinzipien derselben offenlegen sollen, als Fließtext dar, denn so ist die allgemeine Argumentationsstruktur gut erkennbar: *„Alle Naturanlagen eines Geschöpfes sind bestimmt, sich einmal vollständig und zweckmäßig auszuwickeln. Am Menschen (als dem einzigen vernünftigen Geschöpf auf Erden), sollten sich diejenigen Naturanlagen, die auf den Gebrauch seiner Vernunft abgezielt sind, nur in der Gattung, nicht aber im Individuum vollständig entwickeln. Die Natur hat gewollt: dass der Mensch alles, was über die mechanische Anordnung seines tierischen Daseins geht, gänzlich aus sich selbst herausbringe, und keiner anderen Glückseligkeit, oder Vollkommenheit, teilhaftig werde, als die er sich selbst, frei von Instinkt, durch eigne Vernunft verschafft hat. Das Mittel, dessen sich die Natur bedient, die Entwicklung aller ihrer Anlagen zustande zu bringen, ist der Antagonismus derselben in der Gesellschaft, sofern dieser doch am Ende*

---

[51] In späteren Schriften entfaltet Kant seine Konzeptionen der Anthropologie (1796/97 bzw. 1798) und Pädagogik (1803; Vorlesungen "über Pädagogik" aber schon ab 1776/77 gehalten) ausführlicher als in seiner "Idee"-Schrift.
[52] K üPäd A 6,7,8

die Ursache einer gesetzmäßigen Ordnung derselben wird. Das größte Problem für die Menschengattung, zu dessen Auflösung die Natur ihn zwingt, ist die Erreichung einer allgemein das Recht verwaltenden bürgerlichen Gesellschaft. Dieses Problem ist zugleich das schwerste, und das, welches von der Menschengattung am spätesten aufgelöst wird. Das Problem der Errichtung einer vollkommenen bürgerlichen Verfassung ist von dem Problem eines gesetzmäßigen äußeren Staatsverhältnisses abhängig, und kann ohne das letztere nicht aufgelöst werden. Man kann die Geschichte der Menschengattung im großen als die Vollziehung eines verborgenen Plans der Natur ansehen, um eine innerlich- und, zu diesem Zwecke, auch äußerlich vollkommene Staatsverfassung zustande zu bringen, als den einzigen Zustand, in welchem sie alle ihre Anlagen in der Menschheit völlig entwickeln kann. Ein philosophischer Versuch, die allgemeine Weltgeschichte nach einem Plane der Natur, der auf die vollkommene bürgerliche Vereinigung in der Menschengattung abziele, zu bearbeiten, muss als möglich, und selbst für diese Naturabsicht beförderlich angesehen werden. " [53]

Ausgehend vom Grundsatz der teleologischen Naturlehre postuliert Kant, dass die menschlichen Anlagen als Gattungsmerkmale alle entwickelt werden *sollen*; die Anlage zur Autonomie - freier Vernunftgebrauch zur Einrichtung des Lebens nach dem Zweck der Glückseligkeit oder Vollkommenheit - wird über den Weg der antagonistischen Natur des Menschen entwickelt. Herrsch- und Habsucht

---

[53] Zit. nach K XI, S. 35 - 47

einerseits, Bequemlichkeit, Faulheit und Dummheit anderseits, also der Egoismus, sind die Motive des Handelns, die über die negativen Konsequenzen – Kriege, Revolutionen und ökonomische Krisen - einen Zustand notwendig machen, in dem das Ziel, die Entwicklung aller Anlagen, möglich ist. Die politische Organisation einzelner Gesellschaften wie aller Gesellschaften zusammen unter einer bürgerlichen Verfassung ist daher *der Zweck* und zugleich die schwerste Aufgabe der Menschheit. Die Naturanlagen enthalten den Zweck der Entwicklung („Naturabsicht"). Kant muss nun also diejenige Anlage im Menschen herausstellen, die sich noch nicht, also in keinem Individuum, vollständig entwickelt hat. Diese Anlage ist die Anlage zur Vernunft, deren vollständige Entwicklung den Menschen erst befähigt, als Weltbürger nach einem gemeinsamen Plan zu handeln. Der „Plan der Natur" muss in der Geschichte als Plan einer „vernünftigen Absicht" erkennbar sein, d.h. als Plan der Entwicklung der Vernunft aus ihren Anlagen zu ihrer vollständigen Entfaltung. Zunächst gelte es, einen Leitfaden zu einer „solchen Geschichte". Welchen Stellenwert haben diese neun Sätze Kants? Sie stellen den Versuch dar, einen Leitfaden zu „einer Geschichte nach einem bestimmten Plane der Natur" zu finden, d.h. Prinzipien, nach denen man Geschichte *schreiben* könnte. Es muss besonders betont werden, dass Kant unter „Geschichte" nicht den realen Verlauf der Ereignisse versteht, sondern die „Erzählung" derselben. Die „Sätze" sind daher als hypothetische Bedingungen der Möglichkeit der Abfassung einer Geschichte nach einem Plan der Natur zu verstehen. Der Bezug auf einen Plan der *Natur* oder eine Naturabsicht resultiert aus Kants anti-spekulativer Einstellung. Er nimmt bewusst Bezug auf die *Natur* und nicht vorrangig auf „Gott", obwohl er da begrifflich nicht immer ganz eindeutig ist, wenn er der Natur beispielsweise die „Vorsehung" gegenüberstellt oder von einem „weisen Schöpfer" (ironische Replik auf Herder?) redet. „Natur" ist als Empirie im Rahmen von Raum, Zeit und Kausalität erkenn- und beschreibbar. Die Naturgesetze müssen synthetische Urteile a priori als Axiome enthalten. Zunächst hebt Kant die Opposition zum „Leitfaden der Vernunft" und der „gesetzmäßigen Natur" hervor: „zwecklos spielende Natur" und „das trostlose Ungefähr" (Zufall). Vernunft *in* der Natur wird hier also mit Gesetzmäßigkeit identifiziert und dem sinn- und zwecklosen Zufall entgegengesetzt.

Kants Begriff der „Naturabsicht" setzt einen regulativen Gebrauch der teleologischen Urteilskraft voraus und grenzt sich scharf gegen eine Verwechslung mit theologischen Begriffen ab. Kausale Strukturen können als teleologische beschrieben werden, *ohne doch Anspruch auf den Charakter einer Erklärung erheben* zu dürfen, die reale, kausal wirksame Absichten in der Natur der Dinge unterstellt. Der hypothetische Charakter der teleologischen Urteilskraft klingt im konjunktivischen Stil schon an. Die ganze Idee einer Weltgeschichte in weltbürgerlicher Absicht wurzelt in dem Gedanken, die Vernunft als Naturanlage wie ein Organ zu betrachten, das im Leben eines Organismus eine bestimmte Funktion erfüllt. Über drei weitere anthropologische Postulate - 1. Der Mensch ist instinktreduziert. 2. Der Mensch hat eine ambivalente Natur, die vom Egoismus zusammengehalten wird: Selbstsucht, Herrschsucht, Habsucht sind die drei großen Anlagen, die seine „gesellige Ungeselligkeit" ausmachen. 3. Der Mensch kann und muss zum Menschen erzogen werden. So wird die Entwicklung hin zur Entfaltung der Vernunft im Weltbürgerstaat motiviert und skizziert. Unter der Prämisse eines *vernünftigen Eigeninteresses* wird dieser Prozess als notwendig dargestellt. Bei Kant ist in den „Ideen" nirgends davon die Rede, dass die Vernunft (oder der Geist) als Subjekt dieser Geschichte auftritt, wohl aber ist bei ihm die Rede davon, dass „das größte Problem für die Menschengattung (...) die Erreichung einer allgemein das Recht verwaltenden bürgerlichen Gesellschaft sei (...), zu dessen Auflösung die Natur ihn zwingt (...)." Wie zwingt ihn die „Natur"? Wie setzt sie „ihre Naturabsicht" durch? An dieser Stelle wird sehr deutlich, dass Kant von vollständig anderen Prämissen als Hegel ausgeht. Die wirksame Naturabsicht besteht im *Trieb zur Selbsterhaltung,* d.h. im Egoismus (nicht in der Vernunft, nicht im Geist), denn bei Strafe der wechselseitigen Zerstörung und Vernichtung müssen Macht, Willkür und Gewalt durch allgemeines Recht und Gesetz ersetzt werden. Wenn dies nicht geschieht, und Kant hat das Problematische deutlich gesehen, herrscht Weltbürgerkrieg, *bellum omnium contra omnia.* Hier erst greift die Vernunft und sinnt auf Lösung der Konflikte. Das Reich der Natur betrachtet Kant vollständig naturalistisch. Und es sollte aufmerksam machen, den seit der Antike rezenten Dualismus von Körper und Geist im Hinterkopf habend, dass Kant trotz seiner Auszeichnung der Vernunft und des Menschen die Vernunft und menschliche Geschichte aus einer *Naturanlage* herleitet und nicht, wie bei Hegel, von einem der Materie entgegengesetzten Schöpfergott, der zugleich als Weltgeist der Geist der Weltgeschichte sei. Kant skizziert also eine dialektische Geschichte der Menschheit, in der ein Zuwachs an Einsicht in die eigenen Fehler uns Menschen motiviert, unser Leben zu ändern. Es ist eine *Lerngeschichte*, die Kant vorschlägt. Der Mensch wird hier nicht beschönigt, sondern in seiner ganzen Erbärmlichkeit und Irrationalität vorausgesetzt. Einzig das Streben nach Glück veranlasst uns, nach Kant, unserem Unglück ein Ende bereiten zu wollen. Das aber kann ein lebenslänglicher Prozess sein, der noch eher politisch als persönlich zum Erfolg führt.

7.

Hegel I
Voreilige Versöhnung

Hegel sieht nun bei Kant das Defizit, dass Vernunft als subjektive Kategorie keine objektive Geltung beanspruchen könne, daher leer bleibe, solange sie nicht als *Substanz der Welt* gedacht werde. „Der einzige Gedanke, den die Philosophie mitbringt, ist aber der einfache Gedanke der Vernunft, dass die Vernunft die Welt beherrsche, dass es also auch in der Weltgeschichte vernünftig zugegangen sei.", so Hegel in seinen Vorlesungen zur Philosophie der Geschichte. Die Vernunft ist die Substanz, die unendliche Macht, der unendliche Stoff, die unendliche Form aller Wirklichkeit und nicht ein abstraktes Ideal „in den Köpfen einiger Menschen".[54] Es hat sich also *nicht* erst aus der Betrachtung der Weltgeschichte zu ergeben, anders als Hegel behauptet, dass es vernünftig in ihr zugegangen sei, dass sie der vernünftige, notwendige Gang des Weltgeistes sei, des Geistes, dessen Natur zwar immer ein und dieselbe sei, der in dem Weltdasein diese seine Natur aber nur expliziere.[55] Sondern diese Annahme wird von vornherein gesetzt. In unverkennbar christlicher Form bedeutet dies, dass nicht der blinde Zufall, sondern göttliche Vorsehung die Welt regiert. Dies müssen wir aber nicht nur glauben, sondern können es sogar *wissen*, indem wir die Idee der Vernünftigkeit auf die konkrete, faktische Weltgeschichte anwenden. Das Ziel der philosophischen

---

[54] HV, S. 49
[55] HV, S. 52

Betrachtung der Weltgeschichte ist bei Hegel die Theodicee, d.h. die Aussöhnung des *Geistes* mit dem Bösen mittels Erkenntnis des Affirmativen, dem das Negative als überwundenes untergeordnet ist. Unter diesen heilsgeschichtlichen Voraussetzungen glaubt Hegel sagen zu können, dass die Geschichte die Darstellung des Geistes sei, wie er sich das Wissen dessen, was er an sich sei, erarbeite. Wie der Keim die ganze Natur des Baumes, den Geschmack, die Form der Früchte in sich trage, so enthielten auch schon die ersten Spuren des Geistes virtualiter die ganze Geschichte. Da Hegel statt „Geist" an einer Stelle „Mensch" setzt, erreicht man ein relativ triviales Ergebnis, wie im Satz darauf geschehen: „Die Orientalen wissen noch nicht, dass der *Geist oder* der *Mensch* als solcher an sich frei ist; weil sie es nicht wissen, sind sie es nicht."[56] Wenn Hegel mit „Geist" das Charakteristikum des Menschen meint, dann sagt er lediglich, dass die Weltgeschichte die Darstellung des Menschen sei, wie er sich das Wissen dessen, was er an sich ist (nämlich vernünftig und frei) erarbeitet und dass der Weg, den er so beschritten hat, mit dem ersten Menschen schon vorgezeichnet war. Würde man Hegel so lesen, gäbe es nicht nur keinen Unterschied zu Kant; man wäre auch schnell mit ihm einverstanden. Aber an dieser *Vermenschlichung* des Geistes würde Hegel stören, dass die metaphysische Realität des Geistes als Weltprinzip, als herrschende Realität, übersehen werden würde. Das ist denn auch seine einzige Pointe. In meiner Reformulierung wäre Hegels Ge-

---

[56] HV, S. 59. Mit den „Orientalen" sind die Muslime gemeint; hier zeigt sich unverkennbar Hegels christlicher Chauvinismus.

schichtsphilosophie ein Entwicklungsroman, der die Entwicklung der geistigen Fähigkeiten bis zum Stadium der Reife, in dem der Mensch bei sich sei, endlich frei und vernünftig, nachzeichnet. Dann wären seine individuellen Intentionen nicht mehr von blinden Partikularinteressen und Leidenschaften geprägt, sondern von Vernünftigkeit; dann kann man auch sagen, der Mensch sei frei, eben von Partikularinteressen etc. und bei seiner eigentümlichen Bestimmung angekommen, nämlich bei sich selbst. Dies wäre der Endzweck der Welt: der vernünftige Mensch. Das hatte auch Kant gesagt. Hegels spekulative Zutat ist der Geist, der immer schon die Geschicke der Welt lenkt. Damit werden alle Resultate Kants ohne viel Aufhebens ad acta gelegt. Hegel hat vom kritischen Verfahren nichts gelernt, er knüpft unbekümmert an die christliche Tradition an: „In der christlichen Religion hat Gott sich geoffenbart..."[57] Er wendet sie auch, dem Geist der Zeit entsprechend, sofort nationalistisch: „Erst die germanischen Nationen sind im Christentum zum Bewusstsein gekommen, dass der Mensch als Mensch frei, die Freiheit des Geistes seine eigenste Natur ausmacht." Und nun kommt es ganz explizit: dies Bewusstsein der Freiheit bezeichnet Hegel als das „christliche Prinzip des Selbstbewusstseins, der Freiheit" und er sagt: „Diese Anwendung des Prinzips auf die Weltlichkeit ...ist der lange Verlauf, welcher die Geschichte selbst ausmacht."[58] Hegel lässt also die Welt-Geschichte hier mit dem Christentum (nicht einmal mit der

---

[57] HV, S. 56
[58] HV, S. 60. An diesem Beispiel sieht man auch schön die Vermischung von Geschichtserzählung und Geschichtsgeschehen.

hebräischen Bibel!) beginnen. So zeigt sich in aller Klarheit, dass Hegels Philosophieverständnis noch in der mittelalterlichen Theologie wurzelt und himmelweit von Kants „kritischem Weg" abweicht. Es ist dann auch folgerichtig, dass Hegel ein völlig anderes Freiheitsverständnis als Kant hat: *„Die Weltgeschichte ist der Fortschritt im Bewusstsein der Freiheit - ein Fortschritt, den wir in seiner Notwendigkeit zu erkennen haben."*[59] Das Bewusstsein der Freiheit ist identisch mit der Wirklichkeit der Freiheit, denn Freiheit ist ihrem Begriff nach Wissen von sich selbst, also Selbstbewusstsein. Reformuliert heißt dann Hegels These, dass die Weltgeschichte notwendig ein zunehmender Prozess der Selbstbewusstwerdung des Menschen *als Christ* ist. Das schließt ein, dass jeder erkennt, dass alle Menschen Selbstbewusstsein besitzen – sofern sie Christen sind - und daher keiner den anderen als Mittel missbrauchen darf – *sofern er ein Christ ist.* Die „Freiheit des Christenmenschen" (Luther) ist der einzige Zweck des Geistes und also der Weltgeschichte, „dem alle Opfer auf dem weiten Altar der Erde" gebracht wurden. Hegel deutet also alle Kriege als religiöse Freiheitskriege[60], die von Gott gewollt sind, denn es ist Gottes Wille, dass der Mensch frei sei. Das ist starker Tobak. Wie schlägt Hegel die Brücke zwischen dem Wollen des Individuums und dem Handeln des Weltgeistes? Die Freiheit, also das Wesen des Geistes, verwirklicht sich durch das Handeln der Individuen. Die Motive der Handlungen sind aber meist egoistische partikulare Ziele, keine Vernunftbestimmungen. Bisher hatte es den Eindruck, als redet Hegel vom

---

[59] HV, S. 61
[60] HV, S. 62

individuellen, subjektiven „Geist", der sich in jeder einzelnen Person, in jedem Menschen als Wesensmerkmal findet. Nun fragt Hegel, wie, mit welchen Mitteln, die Menschen in der Geschichte sich zu dieser Freiheit durchgearbeitet haben. Dabei betrachtet er die Mittel als etwas „Äußerliches", das in der Geschichte in Erscheinung tritt: eben die menschlichen Handlungen. Der Mensch realisiert seine Freiheit, indem er handelt. Dem Anschein nach handelt er aus „Bedürfnissen, Leidenschaften, Interessen, Charakteren und Talenten", aus denen man *scheinbar* die Motivation seiner Handlungen ableiten könne, z.B. wenn man sagt: Werther brachte sich aus Liebeskummer um. Dabei ist die gewalttätige und unvernünftige Befriedigung der Selbstsucht das geschichtsmächtigste Motiv, das weder Recht noch Moral achtet. Wer so handelt, ist sich seiner noch nicht bewusst, folgt blind Naturtrieben und nicht seiner Vernunft, d.h. der Erkenntnis der Möglichkeit der Selbstbestimmung. Für den Betrachter präsentiert sich Geschichte daher als Anlass zu Trauer, Betrübnis, Empörung, Ratlosigkeit und Langeweile[61]. Die Geschichte erscheint absurd und zwecklos. Hegel erhebt den Vorwurf, dass diese reflektierende Betrachtung „sich in den leeren unfruchtbaren Erhabenheiten jenes negativen Resultats trübselig ...gefalle."[62] Er hält dem entgegen: Das Prinzip der Freiheit ist solange ein Abstraktum, die Idee eines Weltzweckes ist so lange nur in unseren Gedanken (und nicht in der Wirklichkeit!), solange nicht die Tat, die Handlung hinzukommt, deren Prinzip der Wille ist. Nur

---

[61] HV, S. 63. Dies ist allerdings die einzig vernünftige Reaktion, die es aus Hegels Sicht zu bekämpfen galt.
[62] HV, S. 64

dadurch, dass wir handeln, wird der Begriff, die Idee des Geistes, der Freiheit real. Indem wir handeln, realisieren wir unser Menschsein unter dem Aspekt des Eigennutzes: wir erwarten die Befriedigung von Bedürfnissen, Interessen, die Erfüllung eigner Pläne und Absichten und Hegel billigt dem Individuum dies „unendliche Recht" zu, „sich selbst in seiner Arbeit und Tätigkeit befriedigt" zu finden[63]. Tätigkeit setzt nicht nur Interesse, egoistisches Bedürfnis, sondern auch Überzeugungen, Einsichten voraus, so dass Handlungen auch aufgrund selbstständiger Überzeugungen ausgeführt werden; Interessen können den Grad von Leidenschaften annehmen, die in grandioser Einseitigkeit andere Ziele absorbieren, und dann Großes bewirken -. *Leidenschaften* und *Ideen* veranlassen uns zu handeln. Hegel betrachtet dabei den Staat als „konkrete Mitte und Vereinigung beider" in der „sittlichen Freiheit des Staates". Der Mensch realisiert sich nur in seiner Partikularität, als Charakter, er ist nur als Individuum real und konkret. Leidenschaft nennt Hegel dies Besondere, insofern es über den privaten Rahmen hinauswirkt. Hegel meint nun aber, dass „nach dieser Seite ein Staat wohlbestellt und kraftvoll (...) ist, wenn mit seinem allgemeinen Zwecke das Privatinteresse der Bürger vereinigt, eins in dem anderen seine Befriedigung und Verwirklichung findet."[64] Allerdings sei dies ein schwieriger, langwieriger, komplizierter Prozess. Betrachtet man allein diese Schilderungen, wirkt der Mensch bei Hegel einigermaßen sympathisch und realistisch gezeichnet. Aber sobald er den

---

[63] HV, S. 65
[64] HV, S. 68

Maßstab wechselt und grosso modo verfährt, verschwindet das individuelle Wollen. Das Individuum wird zur Marionette des Weltgeistes: „Diese unermessliche Masse von Wollen, Interessen und Tätigkeiten sind die Werkzeuge und Mittel des Weltgeistes, seinen Zweck zu vollbringen, ihn zum Bewusstsein zu erheben und zu verwirklichen; und dieser ist nur, sich zu finden, zu sich selbst zu kommen und sich als Wirklichkeit anzuschauen."[65] Die handelnden Menschen vollziehen, indem sie ihren *Zielen* folgen, den *Zweck* des Weltgeistes, sich handelnd selbst zu realisieren. Indem die Menschen handeln, realisieren sie nicht nur ihre Privatzwecke, sondern zugleich arbeiten sie *unbewusst*, also ohne Absicht und Willen, daran, dass *der Weltgeist* sich seiner selbst zunehmend bewusstwerde und damit frei. Die Menschen arbeiten also nicht an *ihrer* Bewusstwerdung und Freiheit, sondern an der des Weltgeistes! Die Frage ist nur, warum Hegel „den Weltgeist" personalisiert, als wäre er ein eigenständiges Individuum. Weltgeist ist offenkundig nur eine „philosophische" Vokabel für Gott. Endlich verwirklicht sich Gott erst vollständig in einer Gestalt, *„welche die vollständige Realisierung des Geistes im Dasein ist - der Staat."*

---

[65] HV, S. 69

8.
Hegel II
Der Gott der Geschichte

Die begriffliche Durchdringung teleologischer Beschreibungsmodelle führte Hegel zum metaphorischen Ausdruck: „List der Vernunft". An einem Alltagsbeispiel illustriert: Wenn ich hungrig bin, geh ich in ein Geschäft und kaufe etwas zu essen. Kausal betrachtet ist Hunger meine Triebfeder, Sattheit mein Handlungszweck. Der Einsatz der Mittel aber - Einkaufen in einem Geschäft, d.h. Geldausgabe, Teilhabe am Geld- und Warenverkehr, an Produktions- und Konsumptionsprozessen, Erwerb von Nahrungsmitteln, das Nahrungsmittel selbst etc. - führt zu deren Auflösung oder Aufhebung. Es sind Mittel, die dem Zweck nur dadurch dienen, dass sie als Etappen absolviert werden; das Mittel wird im Zweck aufgehoben, vernichtet und erhalten; dieser Zusammenhang ist notwendig. Es liegt, laut Hegel, eine List der Vernunft darin, dass sozusagen in der Negation des Mittels die Affirmation des Zwecks liegt. Aber auch meine subjektive Triebfeder, der Hunger, ist nur Mittel zum Zweck der Selbsterhaltung. Wäre indes die Selbsterhaltung das höchste Ziel, der Endzweck meines Lebens, dann wäre die Funktion der Fortpflanzungsorgane dubios. So bis zur Gattung und allen Formen des Lebens. Alles nur Mittel zu einem Zweck, der sich selbst Zweck sein muss: der Geist, selbstverständlich. Da dieser Vorgang sich aber billionenfach wiederholt, bekommt man den Eindruck, als blieben diese Prozesse stabil. Modern formuliert befinden sie sich im Fließgleichgewicht. Hegel betrachtet nun die gesamte Weltgeschichte als *einen* geschlossenen zielgerichteten Prozess im „Fließgleichgewicht". In Analogie zum menschlichen Organismus könnte man sagen: es kommt nicht auf die individuelle Zelle, das individuelle Organ an, sondern auf den stabilen Funktionszusammenhang, der trotz Zellenaustausch und Transplantation gewahrt bleibt. Die menschlichen Handlungen sind das Mittel des Weltgeistes, zu sich selbst zu kommen, d.h. absolut frei und selbstbewusst zu werden; dabei erscheinen nicht nur die menschlichen Handlungen, sondern auch die menschlichen Individuen als bloß formale Mittel, die im Prozess aufgerieben werden. Ziel dieses Prozesses ist nicht die individuelle, subjektive Freiheit und Selbstbewusstheit, sondern die Etablierung der objektiven Freiheit im Staat und die Schaffung der Formen des absoluten Geistes, in denen der Weltgeist zu sich selbst kommt: Religion, Kunst und Philosophie. So erscheint zwar das wollende und leidende Individuum als Handelnder und damit die Geschichte Gestaltender, aber dieser Schein trügt, denn das Wollen und Streben der Individuen steht weder am Anfang der Geschichte, noch sind sie das Ziel. Dieser letzte Punkt ist wichtig. Das Ziel der Weltgeschichte ist bei Hegel die Selbsterkenntnis Gottes im Menschen. Durch die Entkoppelung von subjektiver (Individuum) und objektiver Freiheit (Staat) wird der Staat bei Hegel zum Zweck des Geschichtsprozesses und nicht, wie in den modernen Demokratien, die staatliche Wahrung der individuellen Freiheitsrechte. Hier zeigt sich auch die Differenz zu Kant: Für Kant ist der Weltbürgerstaat *Mittel* für die Wahrung der individuellen Freiheit des „vernünftigen Weltbürgers". Der Zweck der Weltgeschichte wird bei Kant in der Entfaltung der natürlich angelegten Vernunft gesehen; die vollständige Entfaltung ist, weil es sich um einen infiniten Prozess handelt, zwar nur *für* die Gattung möglich - sollte jedenfalls in der Idee der Gattung enthalten sein -, ist aber Zweck *jedes* Individuums, denn der Mensch ist bei Kant Selbstzweck. Dies ist auch der Punkt, an dem Hegel von Kant abweicht: „Zweck in ihm selbst ist nämlich der Mensch nur durch das Göttliche, das in ihm ist (...)."[66] Das zentrale Problem, das diese Überlegungen beleuchten wollen, besteht darin, die entscheidenden Differenzen zwischen Hegels und Kants Geschichtsphilosophie zu markieren, so dass deutlich wird, in welchem Umfang Hegel auf Kant aufbaut und diesen einer Neuinterpretation unterzieht. Einer Neuinterpretation, bei der wesentliche Aspekte der Kantischen Position an Klarheit und Bestimmtheit verlieren, um einer mehrdeutigen Geschichtstheologie Platz zu machen, die in den nachfolgenden Staats- und Geschichtsphilosophien - im Wesentlichen links- bzw. rechtshegelianische Positionen - noch nachwirkte. Hegel gründet diese Geschichtstheologie auf einen unbestimmten Begriff des Geistes und der Freiheit, der es ihm ermöglicht, Geist mit Geistlosigkeit und Freiheit mit Unfreiheit zu identifizieren. So schreibt er, „frei bin ich, wenn ich bei mir selbst bin". Dieses Bei-sich-selbst-Sein des Geistes ist Selbstbewusstsein. Daraus ergibt sich, dass das Wesen des Geistes Selbstbewusstsein sei; es wird von Hegel deshalb mit „Freiheit" identifiziert, weil der Geist von nichts außer ihm abhängt. Hier bestimmt Hegel den Geist nicht als subjektiven, objektiven und absoluten Geist, er bestimmt ihn auch nicht unter dem Form- und Inhaltsaspekt,

---

[66] HV, S. 80

sondern bewusstseinsphilosophisch als reine Selbstbezüglichkeit, ohne dass klar wäre, wer oder was sich da zu sich selbst verhält. Von der reinen Selbstbezüglichkeit schließt er dann aufs Ganze: Die Weltgeschichte ist die „Darstellung (!) des Geistes (...), wie er sich das Wissen dessen, was er an sich ist, erarbeitet."[67] Interessanterweise spricht er hier von der Weltgeschichte als Darstellung und nicht als von dem, das dargestellt wird. Durch das ganze Werk zieht sich dies Schwanken zwischen Weltgeschichte als Historiographie und Weltgeschichte als Geschehen. Der Geist ist nicht von Anfang an „bei sich", also ist er nicht von Anfang an „frei" und selbstbewusst, sondern er wird es erst im Laufe seiner Geschichte. Nur, was ist der Geist, wenn er nicht frei und sich seiner selbst bewusst ist? Geist ist das, was (in irgendeiner Weise) sich zu sich selbst verhalten kann. So beginnt Hegel ganz unplausibel seine Geschichte des Weltgeistes mit einem vorbewussten Zustand, in dem der Geist offenkundig noch nicht bei sich, noch nicht Geist gewesen sein kann. Spricht hier Hegel vom menschlichen Geist? Täte er dies, so wäre seine Erzählung viel plausibler. Kann man ihm aber zugutehalten, dass er uns nur die Geschichte des menschlichen Bewusstseins erzählen möchte? Will er uns die Geschichte als menschliche Geistesgeschichte erzählen am Leitfaden der allmählichen Selbstbefreiung des Menschen von Irrtum, Aberglauben, Wahn und Ungerechtigkeit? Oder will er eine andere Geschichte erzählen? Ich fürchte, letzteres ist der Fall. Und das ist besonders auch deswegen so fatal, weil die Hegelsche Geschichtsmythologie

---

[67] HV, S. 59

nicht nur historisch sehr folgenreich gewesen ist, sondern auch, weil Hegel gleich die politische Interpretation mitliefert.

Freiheit wird nicht nur mit dem Wissen, frei zu sein, gleichgesetzt, Freiheit wird politisch verstanden: Hegel schlägt den Bogen vom orientalischen Despotismus über die griechische Demokratie, die aber eher eine Oligarchie oder Timokratie war, bis zu den „germanischen Nationen(!)", die „im Christentum zum Bewusstsein gekommen sind, dass der Mensch als Mensch frei ist, die Freiheit des Menschen seine eigenste Natur ausmacht."[68] Dies politische Verständnis enthält indes einen seltsamen Bruch, steht als Endglied dieser Reihe doch nicht die Demokratie, die auf Freiheits- und Menschenrechten gründend die Idee der allgemeinen Freiheit realisiert, sondern eine Religion, das Christentum. Religion und Politik bildeten aber immer schon eine Mesalliance. Dieser Aspekt ist wichtig für Hegels Begriffe vom „Menschen" und *seiner* „Freiheit". Diese Begriffe sind notorisch mehrdeutig. Es ist das Verführerische, bei Hegel zu denken, dass es ja die Menschen seien, die sich zum Bewusstsein ihrer Freiheit „durcharbeiten" und am Ende dies Bewusstsein politisch in einer entsprechenden freiheitlichen Staatsform realisieren, aber es ergibt sich eher das Bild, dass Hegel unter Selbstbewusstsein bzw. Freiheit ein „christliches Prinzip" versteht. Es ist fraglich, ob Hegel den Freiheitsbegriff auch ohne christliche Inhalte akzeptiert; und ob er der Auffassung ist, dass Freiheit als Selbstbewusstsein dem Menschen in seinem

---

[68] HV, S. 60

Handeln eigen sei; und in welcher Beziehung die menschliche Freiheit als Selbstbewusstsein zum Handeln stehe. Denn gemeinhin wird Freiheit entweder als Willens- oder Handlungs- bzw. Wahlfreiheit verstanden und in jedem Fall mit dem Handeln in einem intentionalen Nexus betrachtet. Kurioserweise enthält Hegels Bestimmung der Freiheit keinen dieser Aspekte explizit. Dieser Gesichtspunkt wird bei der Beantwortung der Frage, wer bei Hegel eigentlich handelt, wichtig. Die unendliche Vieldeutigkeit des Freiheitsbegriffes räumt Hegel allerdings selbst ein, ohne sie später indes auszuräumen. Es folgt zunächst der bekannte, emphatische Satz: *"Die Weltgeschichte ist der Fortschritt im Bewusstsein der Freiheit."* Dieser Fortschritt sei in seiner Notwendigkeit zu erkennen. Unter „Fortschritt" versteht Hegel hier die über drei Stufen erfolgende Ausweitung des Freiheitsbegriffes durch die Geschichte, davon, dass zunächst einer, dann einige, schließlich alle Menschen frei seien, bzw. das Bewusstsein haben, frei zu sein. Dies Bewusstsein sei auch jedes Mal vorhanden. Hegel betont aber, dass das Bewusstsein der Freiheit aller - das „christliche Prinzip" - noch nicht die Freiheit aller in der „Weltlichkeit" bedeutete, d.h. er betont wiederholt einen Unterschied zwischen dem Bewusstsein des Prinzips (der Idee) der Freiheit und dem Bewusstsein der Freiheit. Diese Begrifflichkeit ist zentral, denn sich einer Idee bewusst sein heißt bei Hegel nur, ein reflektierendes Verhältnis zu ihr zu haben, während die Idee an und für sich substanziell ist[69]. Freiheit ist bei Hegel identisch mit

---

[69] HV, S. 70

Selbstbewusstsein. Fortschritt der Freiheit heißt also Fortschritt im Bewusstsein des Selbstbewusstseins. Und Fortschritt heißt hier einfach quantitative Ausweitung - einer, einige, alle -. Weltgeschichte ist die quantitative Ausweitung des Bewusstseins, bis dahin, dass alle Menschen Selbstbewusstsein haben. Da Hegel aber das Bewusstsein der Freiheit mit der Freiheit gleichsetzt, könnte man reformulieren: Weltgeschichte ist der Fortschritt der Freiheit. Erst ist einer frei, dann alle. In dieser Reformulierung haben wir gewissermaßen eine linkshegelianische Interpretation: als Subjekte dieses Prozesses kommen klarerweise nur die Menschen im Plural in Frage. Einerseits kann man mit Hegel sagen: ein identisches Bewusstsein schreitet durch die Weltgeschichte hindurch und befreit schließlich alle individuellen, partikularen Bewusstseinsträger, die Menschen, zu sich selbst. Oder die Menschen erkämpfen sich in der Weltgeschichte schließlich eine politische Organisationsform, in der kein Mensch mehr ausgeschlossen ist, sondern alle Menschen gleichermaßen frei und selbstbewusst sein können. Hier zeigt sich schon die doppelte Lesart des Subjekts der Geschichte: zum einen erscheint der Weltgeist - Gott - als Subjekt der Geschichte, der sich der menschlichen Handlungen bedient, um zum absoluten Wissen seiner selbst zu gelangen. Zum anderen erscheint die Menschheit als Subjekt der Geschichte, die sich in allen ihren Individuen von politischer Repression, Ausbeutung und Ausgrenzung befreit. Ich glaube, Hegels Geschichtsphilosophie lässt beide Lesarten zu und weicht damit erheblich von der Kantischen Idee ab, das Ziel der Geschichte sei ein bürgerlicher Weltstaat, dessen Gesetze größtmögliche Freiheit bei größtmöglicher Sicherung der Grenzen der Freiheit erlauben, zu dessen Errichtung die

Menschheit durch die nachteiligen Wirkungen von Willkür und Krieg gezwungen werden, wenn sie sich *rational*, d.h. im Eigeninteresse klug, verhält. Aufklärung der Hegelschen Position verspricht seine Bezugnahme auf das Christentum als Selbstoffenbarung Gottes und als historische Schwelle zum allgemeinen Bewusstsein der Freiheit. Johannes 1, 10: „Er war in der Welt und die Welt war durch ihn gemacht; ..." und 1, 14. „Und das Wort ward Fleisch...". Wer an ihn glaubt, der ist „von Gott geboren" (1, 13) Jesus Christus war für Johannes sowohl Gott, der die Welt erschuf, als auch Mensch. Der vergöttlichte Mensch oder der Mensch gewordene Gott: beide Lesarten finden sich auch bei Hegel. Ich sehe keine Möglichkeit, Hegel ohne Aufnahme seiner eignen Bezugnahme auf das Christentum konsistent zu lesen. Dass die linkshegelianische Reaktion von Feuerbach und Marx die anthropozentrische und universalistische Lesart wählte, die rechtshegelianische dagegen die theozentrische und nationalstaatliche bestätigt meinen Verdacht. Man muss sehr vorsichtig sein, wenn in einem Atemzug mit dem Christentum von Freiheit die Rede ist. Frei ist der Mensch dann nur als Christ, nämlich in Christus. Es ist ausdrücklich bei Paulus beispielsweise nicht von der Freiheit durch die Vernunft die Rede, es ist nicht die Rede von der Freiheit des Willens oder des Handelns, Freiheit ist im christlichen Verständnis ein Zustand der Gnade in Jesus Christus. Und Hegel hat seinen Vernunftbegriff seinem theologischen Vorverständnis angeglichen. Daher geht es zunächst einmal nicht um ein politisches Freiheitskonzept, es geht nicht um die Verwirklichung der Freiheit im Sinne individueller Menschen- und Bürgerrechte, einschließlich der Meinungs- und Glaubensfreiheit, wie bei Kant, sondern bei Hegel

---

geht es darum, dass alle Menschen Gott erkennen können und sollen und dadurch Gott sich in allen Menschen erkennt. Unter dieser Perspektive bekommt Hegels Allegorie „List der Vernunft" einen völlig unmetaphorischen Sinn: denn List im Sinne von Kunstgriff oder Weisheit setzt ja ein Subjekt voraus, das trickreich oder weise ist, und das kann man mit Hegel durchaus identifizieren: es ist Gott. So schreibt Hegel unmissverständlich: „...der Endzweck der Welt (!)" sei „das Bewusstsein des Geistes von seiner Freiheit und eben damit die Wirklichkeit seiner Freiheit...". Weiter schreibt er: „Dieser Endzweck ist das, was Gott mit der Welt will, Gott aber ist das Vollkommenste, und kann darum nichts als sich selbst, seinen eignen Willen wollen. Was aber die Natur seines Willens, d.h. seine Natur überhaupt ist, dies ist es, was wir, indem wir die religiöse Vorstellung in Gedanken fassen, hier die Idee der Freiheit nennen.", so dass nur noch die eine Frage übrig bleibt: „...welche Mittel gebraucht sie zu ihrer Realisation?"[70] Was sagt Hegel hier eigentlich an dieser prominenten Stelle, bevor er dazu übergeht, die ganze Weltgeschichte unter der Kategorie des Mittels zu beschreiben, die menschlichen Handlungen mit ihren menschlichen Zielen und Zwecken also nochmals als Mittel zu einem noch umfassenderen Zweck zu bündeln? Wenn die wesentliche Bestimmung des Menschen Vernunft und mithin Freiheit ist und wenn die menschliche Geschichte eben die Geschichte der menschlichen Vernunft ist, dann hat die Geschichte zwangsläufig einen Sinn, d.h. einen Zweck: nämlich die vollständige Entwicklung der Vernunft, und

---

[70] HV, S. 62

mithin der Freiheit. Also, schließt Hegel, wenn man die Vernunft nicht, wie Kant, als abstrakte, ideale Richtschnur an die Geschichte hält, sondern als das, was sich im historischen Prozess erst entwickelt, betrachtet, wenn man annimmt, dass die Vernunft selbst historisch geworden ist und noch im Werden ist, dann kann man die Geschichte nicht *ex post* verurteilen, sondern muss sie als notwendigen, unumgänglichen Weg der Vernunft zu sich selbst betrachten. Damit postuliert Hegel wahrscheinlich als erster einen *historischen* Vernunftbegriff. Möglich ist aber auch eine andere Interpretation, dass er nämlich die Vernunft mit den Formen ihrer historisch-politischen Verwirklichung identifiziert und somit verwechselt. Da er aber andererseits den Kantischen Dualismus von Ding an sich und Erscheinung ablehnt, wobei die Erscheinung durch ihre räumliche und zeitliche Dimensionierung charakterisiert ist, sieht er sich berechtigt, das Ding an sich, das Wesen der Wirklichkeit, mit der Erscheinung zu identifizieren. Das, was erscheint, ist wirklich. Wenn Vernunft etwas Wirkliches sein soll, dann hat sie ebenfalls räumliche und zeitliche Dimensionen, d.h. sie realisiert sich also nicht immer und nicht überall auf die gleiche Weise. Eine Konsequenz, die Hegel zieht, ist, dass nichts, was gewesen ist, verworfen werden kann, also beispielsweise auch nicht die überlieferten Religionen. Aber er geht hier wohl zu weit und gerät in einen Selbstwiderspruch, wenn er, um insbesondere das Christentum zu restituieren, *behauptet*, Gott hätte sich vor 1800 Jahren offenbart. Wenn er außerdem diesen Gott als den Weltgeist ausgibt, dessen Geschichte in der Welt er mit der menschlichen Weltgeschichte gleichsetzt. Denn die Geschichte der Menschheit ist wesentlich älter, auch unter dem Aspekt ihrer Freiheit.

Wenn sich die Vernunft im Prozess der Geschichte entwickelt, dann könnte man logisch konsequenter die Religion als frühes Stadium betrachten, wie es beispielsweise Comte mit seinem Drei-Stadien-Modell getan hat. Dieses frühe Stadium wäre dann in den späteren Etappen auch im Sinne der Hegelschen Dialektik „aufgehoben". Aber Hegel nimmt den Offenbarungsmythos für bare Münze und deklariert ihn zum zentralen Ausgangspunkt seiner Geschichtstheologie.

9.
Der Mensch – Marionette oder Akteur?

Der systematische Unterschied zwischen Kant und Hegel ist im Grunde ontologischer Natur: während Kant die Idee eines Endzwecks der menschlichen Geschichte aufgrund ihrer Idealität als ein Projekt der reinen Vernunft ansah und daher nur eine asymptotische Annäherung, keine völlige Realisierungsmöglichkeit annahm, ging Hegel davon aus, dass sich diese Idee im Handeln des Menschen bereits realisiert. Hierbei stoßen wir auf die grundlegende Divergenz zwischen beiden Philosophen: Kant betrachtet die Begriffe der Vernunft, insofern sie über die Erfahrung hinausgehen, als leer; während Hegel von der Einheit von Begriff und Wirklichkeit ausgeht. Daher anerkennt Hegel auch nicht den basalen Dualismus von Kant zwischen „Ding an sich" und „Erscheinung". Hegel ist Monist, für ihn realisiert sich das „Ding an sich" (Hegel: das „Substanzielle", „der Geist") *in* der Erscheinung, also in der Welt. Interessanterweise kommen sie bezüglich des Individuums zum Teil zu ähnlichen Ansichten: für Kant kann sich der Endzweck des Menschen, die Realisierung der allgemeinen Freiheit unter einem universalen Gesetz in der bürgerlichen Weltgesellschaft, notwendig nicht im Individuum, sondern nur in der Gattung vollziehen; für Hegel sind nicht die Menschen die Individuen und Subjekte der Geschichte, sondern die Staaten, Kulturen und Religionen. In beiden Fällen wird also nicht in der individuellen, subjektiven Vervollkommnung das Ziel gesehen, im Gegensatz zu Humboldt und teilweise auch zu Herder. Kant teilt mit Herder die Wertschätzung der teleologischen Urteilskraft; aber auch hier schränkt er deren Gebrauch auf empirische Größen ein, Organe, Individuen, biologische Organismen, die man am besten funktional, nach der Causa finalis beschreiben könne, ohne doch damit schon eine Erklärung im Sinne der Causa efficiens zu geben. Genau diesen Überschritt zur „Analogie nach der Natur" kritisiert Kant an Herder. Das teleologische Denkmodell, das bei Herder einen intelligenten Weltschöpfer voraussetzt und daher die gesamte Naturgeschichte und Geschichte der Menschheit umfasst, wurde von Kant ja nicht gänzlich verworfen, aber doch sehr eingeschränkt, denn es ist nach Kant keine teleologische Metaphysik möglich. Für Herder aber ist Gott der „große Zusammenhang aller Dinge", die für den Menschen unerkennbare innere Ursache aller Erscheinungen. Ideen werden durch menschliches Handeln realisiert, sie haben keine vom menschlichen Denken, Wollen und Bewusstsein unabhängige Existenz. Aber Hegel postuliert die notwendige Existenz eines absoluten Geistes. Für Kant ist der Mensch kaum das richtige Gefäß für den absoluten Geist. Wer wollte ihm da ernsthaft widersprechen? Eine weitere Differenz zwischen Kants und Hegels Geschichtskonzeption gründet in einer Differenz zwischen Kants und Hegels Philosophiekonzeption. Kant betrachtete Begriffe ohne empirischen Gehalt, aber doch mit dem Anspruch der Vernunft, als regulative Ideen. Für Hegel dagegen besteht in diesen Ideen das Wesen der Wirklichkeit, die Totalität, das Absolute, und zwar deshalb, weil die Vernunft das Wesen der Wirklichkeit ist. Was die Vernunft fordert, das ist auch wirklich, es ist keine abstrakte menschliche Idee, die von außen an die Wirklichkeit herangetragen wird, sondern das, was sich in der Welt, vor allem in der Weltgeschichte, wirklich vollzieht.

Andererseits sind es die Träger dieser Ideen, die Menschen, deren Handeln die Weltgeschichte ausmacht. Indem die Menschen ein bestimmtes Bewusstsein ihrer selbst haben, handeln sie auch in diesem bestimmten Bewusstsein. Sie handeln nach Absichten, Interessen, Leidenschaften und Zielen, durch die ihr Bewusstsein in die Welt der Taten übergeht. Hegel meint nun, dass sich die substanzielle, an sich seiende Idee des Geistes, in der Welt durch das menschliche Handeln verwirklicht,- denn die wesentliche Bestimmung des Menschen ist bei Hegel der Geist-, ohne dass der Mensch dies *bewusst beabsichtigt*. Der Mensch arbeitet nach Hegel am Werk seiner Freiheit, indem er sich in größtmöglicher Unfreiheit sich dem Werk seiner Interessen und Leidenschaften widmet. Die persönlichen Leidenschaften für ein großes Ziel mögen egoistisch, pathologisch motiviert sein, im Gegeneinander der so wirkenden Kräfte aber kommt dabei laut Hegel der Geist im Staat zu seiner Vollendung, d.h. die Freiheit aller Menschen unter dem Gesetz an ihr Ziel. Kants regulative Idee eines Naturzwecks dagegen ist ausdrücklich *keine* empirisch überprüfbare Behauptung, sondern ein „Leitfaden a priori". In seiner „kritischen Periode" sah Kant seine Hauptaufgabe darin, die Grenzen der Erkenntnisfähigkeit des Menschen zu bestimmen, um die Philosophie als Wissenschaft auf ein sicheres Fundament stellen zu können. Die „Kritik der reinen Vernunft" stellt den Versuch dar, den Radius der Vernunft mit den Mitteln der Vernunft von innen her zu begrenzen, zu definieren, um sinnlose und haltlose Spekulationen auszuschließen. Sein erkenntniskritisches Anliegen hatte aber eine starke Polarisierung zwischen Subjekt und Objekt (an sich), zwischen Begriff und Wirklichkeit (an sich), Maßstab und Tatsachen zur

Folge. Daran knüpfte Hegel an, er hielt das Kantische Unternehmen für absurd, da die Vernunft keinen Standpunkt außer sich einnehmen könne, es keinen Maßstab gebe, um die Vernunft zu beurteilen, außer der Vernunft selbst. Diese aber schränkt sich nicht selbst ein, sondern ist in sich grenzenlos. Kant reduziere die Erkenntnisfähigkeit des Menschen auf die Verstandestätigkeit, der Vernunft blieben nur „regulative Ideen". Dagegen setzte er seine Identitätsphilosophie, in der Subjekt und Ding (an sich), Begriff und Wirklichkeit, Maßstab und Tatsachen eine Einheit bilden. Daraus leitete er ab, dass alles, was geschieht, vernünftig ist, denn es gibt nach Hegel keinen externen *Point of View*, von dem aus man etwas Reales kritisieren könne. Im Gegensatz zu Kant betont er also nicht die Kritik, sondern die Affirmation, die die Negation in sich als Moment enthält. Seine Grundidee ist die, dass sich die Gegensätze überall dialektisch vermitteln, gegenseitig aufreiben und „aufheben" und in dem resultierenden Zustand ihren Zweck haben. Die Identifikation von Zweck und Resultat ist dabei besonders beachtenswert. Hegel differenziert nicht zwischen beiden Kategorien und kann daher auch den Unterschied zwischen einem beabsichtigten und einem unbeabsichtigten Unfall nicht begriffssicher darstellen. Das Markante an seiner Philosophie besteht darin, dass sie keine Kriterien zur objektiven, d.h. willkürfreien Beurteilung von Sachverhalten erlaubt, da alles seinen Maßstab in sich selbst trägt. Dieser Verlust an objektiven Vernunftkriterien macht ihn besonders augenfällig in seiner Geschichtsphilosophie blind und unkritisch für die realiter herrschende Unvernunft. Es ist also notwendig, sich zu fragen, welche Art von Vernunft Hegel meint, wenn er sagt, sie beherrsche die Weltgeschichte.

Ferner ist es das Problematische an Hegel, dass er die Freiheit zur Heldin der Geschichte macht und man sich nicht sicher sein kann, ob sein Freiheitsbegriff nicht auch sein Gegenteil, die Unfreiheit, miteinschließt, gar mit dieser identisch ist. Denn Hegel gewinnt seinen Freiheitsbegriff vom Begriff des Absoluten her, Gottes, der von nichts außer ihm Seienden abhänge, causa sui sei und daher eben „frei". Gott will *seinen* Willen - *das* ist für ihn Freiheit. Jesus fordert im Vater Unser: „Dein Wille geschehe." In diesem Sinn kann Freiheit in der Weltgeschichte für Hegel eigentlich nur bedeuten, dass Gott sich in der Weltgeschichte selbst verwirklicht. Was sich da aber unter der Rubrik „Freiheit" tatsächlich verwirklicht - das muss mit dem individuellen Freiheitsverlangen und mit dem Freiheitsstreben ganzer Volksgruppen oder Völker durch die Geschichte hinweg nichts zu tun haben. Freiheit ist nur ein unendlich vieldeutiges Wort, wie Hegel selbst sagt. Es ist zu prüfen, welchen Begriff von Teleologie Hegel sonst in seiner Philosophie entwickelt hat, denn er trägt in seine weltgeschichtlichen Betrachtungen seine Philosophie hinein, eben dass die Weltgeschichte vernünftig sei. Er behauptet damit nicht allein, dass die Weltgeschichte einen Zweck habe, sondern dass sie ihn in jeder historischen Phase notwendig und folglich vernünftig vollziehe. Es ist auch naheliegend, zu fragen, wer bei Hegel der eigentliche Akteur der Weltgeschichte ist: der Weltgeist (=christlicher Gott) oder der handelnde Mensch? Als Fazit möchte ich festhalten, dass Hegels „weltgeschichtliche Betrachtungen" trotz oberflächlicher Ähnlichkeit mit Kantischen Ideen in der Hauptsache erheblich von den Zielen abweichen, die für Kant im Zentrum seiner politischen und Geschichtsphilosophie stehen. Das Individuum in seinem

Wollen und Leiden wird von Hegel im allgemeinen Geschichtsprozess aufgehoben. Der einzelne Mensch zählt nichts, das Ganze zählt alles.

II

Die Geschichte des Sinns
1.
Krise der Kultur oder Kultur der Krise?

Der von Hegel und zuvor schon durch Herder eingeleitete post-Kantische *Historizismus* führte in der Philosophie nach Hegel - über die Seitenkanäle der Systembauer - zu einem *Relativismus*, Skeptizismus und Nihilismus, zu Positionen also, die von Nietzsche allesamt als Ausdruck, als Symptom einer kulturellen Krise, als Kulturverfall, als *Dekadenz* interpretiert wurden. Diese kulturelle *Krise* stellte sich für Nietzsche sowohl als Krise des Sprachgebrauchs dar, als Krise des Bezeichnens und der Verständigung, als auch als Krise der Moral. Da der *Positivismus*/Naturalismus als philosophische Doktrin einer scheinbar anti-metaphysisch orientierten Wissenschaft auf dem Boden des Historizismus eine logische Inkonsequenz impliziert, und ebenso alle anderen Bereiche der zeitgenössischen Kultur - Kunst, Erziehung, Politik - von Scheinbegründungen geprägt waren, ergab sich für den Philologen Nietzsche folgendes Dilemma: Entweder folgt er als Wissenschaftler dem Ethos der „Objektivität", der „Neutralität" und „*Wertfreiheit*", dann trägt er weiter dazu bei, den Relativismus, Skeptizismus und Nihilismus der herrschen-den Kultur zu vertiefen und über kurz oder lang die Bedingungen der Möglichkeit der Wissenschaftlichkeit selbst zu untergraben, oder er versucht, das *Konzept „Wissenschaft*" neu zu denken, mit der Konsequenz, dass er von den Fachkollegen vom Unternehmen „Wissenschaft" ausgeschlossen wird. Nietzsche entschloss sich, das Konzept „Wissenschaft" neu zu denken und zu diesem Zweck legte er die theologischen und metaphysischen Prämissen traditioneller Wissenschaft frei - jedenfalls unternahm er einen Versuch dazu. Das Geschäft, „Wissenschaft" zu denken, ist das Geschäft der *Philosophie*. Da aber die *Sprache* der Philosophie maßgeblichen Anteil an der kulturellen Krise hat, kann Nietzsche sich ihrer nicht bedienen: Er muss einen eignen Stil, eine „neue Sprache" erfinden, und damit eine neue *Welt-Beschreibung* und *-Interpretation*. Dies neue Welt- und Selbstbild lässt sich nicht in einer *Sprache* darstellen, die eine bestimmte Weltsicht, Metaphysik, verkörpert, die nach Nietzsches Interpretation „falsch" geworden ist, da sie dem Menschen nicht mehr dabei hilft, zu *leben* - d.h. selbstmächtig eine Zukunft in der Zeit (nicht jenseits der Zeit) zu wollen und zu verantworten -, sondern ihn daran hindert. So wählt er eine Sprache, die beispielsweise, wo sie kritisiert, auf die *Stilmittel* der *Ironie*, besonders der *Parodie*, zurückgreift, und da, wo sie affirmativ ist, auf *Metaphern* und *Metonymien* („Übermensch", „Ewige Wiederkehr des Gleichen", „Wille zur Macht"). Auch bezüglich der *Textsorten* ist er sehr flexibel, so wählt er den Aphorismus neben der Abhandlung, den Vortrag neben dem Gedicht, das mythologisierende Epos neben dem Pamphlet. Nietzsches rhetorische *Textstrategien* und Kompositionsprinzipien gehorchen ebenfalls weniger formallogischen Mustern, sondern *ästhetisch-rhetorischen*, auch musikalischen Prinzipien wie dem Wechsel der Tempi, Variationen von Themen oder Tonlagen und Lautstärken: dies wird typographisch durch Zeichensetzung und Sperr- und Kursivdruck unterstützt. Diese Rhetorik verbietet eine Lektüre *sensus strictus*. Eine Interpretation dieser Art

„konserviert" eine Perspektive, eine Lektürephase. Dies sollte man immer im Hinterkopf haben, wenn man Nietzsche liest und „interpretiert". Zugleich bedeutet aber auch ein solches Vorgehen, dass linear-argumentierende Textstrategien von Nietzsche nicht als Mittel der Wahl im Umgang mit philosophischen Problemen betrachtet wurden. Nietzsche analysiert das Konzept „Wissenschaft" nicht als Gegenpol zu Religion und spekulativer Metaphysik, sondern als eine Form des Glaubens an überzeitliche Werte wie „Wahrheit", „Erkenntnis", „Vernunft", „Tugend", „Dinge an sich", „Welt", „Natur" und „Naturgesetz". Dies Postulat *überzeitlicher* Werte steht in einem kontradiktorischen Gegensatz zu den Ergebnissen der positivistischen Geschichtswissenschaft, dass alles „Menschlich-Allzumenschliche" historisch geworden, zufällig entstanden und oft genug auch wieder vergangen sei. Also müssen diese fundamentalen (metawissen-schaftlichen) Konzepte jeder Wissenschaft als Objekte der Analyse untersucht werden. Er wendet das aus der Biologie und der Sprachwissenschaft seiner Zeit bekannte Verfahren der *genealogischen Methode* nun auf die Sprache der Wissenschaft, der Philosophie, der Moral, der Anthropologie, Pädagogik und Politik an. Diese Applikation einer wissenschaftlichen Methode erfolgt aber nicht unkritisch. Andernfalls wäre das Vorhaben zirkulär. Nietzsche will damit nichts „beweisen", sondern zeigt nur Perspektivierungen auf, Denk-Möglichkeiten: das Fließen und die *Dynamik* all unserer *Wissens-konzeptionen*. Er „entdeckt" semantische Tiefen-strukturen, „Familien-Ähnlichkeiten", die auf den systematischen Charakter dieser sprachlichen Konzepte

(„Begriffe") schließen lassen, die das Denken, Urteilen und Reden unbewusst steuern. Er „entdeckt" auf diesem Wege auch, dass es unterschiedliche *Rationalitäts-konzepte* „gibt", die mit unterschiedlichen Sprachen korrelieren. Die Rede von „Entdecken" von „Gegebenheiten" ist nicht naiv-positivistisch, sondern berücksichtigt die Ambiguität der Begriffe. Diese unbewussten - also nicht „aufgeklärten", „gewussten", „bemerkten" - Hintergründe von kognitiven Operationen fasst Nietzsche unter dem Terminus *„Glauben"* zusammen. Weil diese Konzeptualisierungen zumeist in binären Oppositionspaaren kodiert sind, bezeichnet Nietzsche sie als *„Werte"* oder *„Wert-Gegensätze"*. Da diese Konzepte nicht objektiv sind in dem Sinne, dass sie überzeitliche Wahrheiten darstellen, sondern Ausdruck sind von menschlicher *Orientierung* - von Setzungen, Unterscheidungen, Präferenzen - in der Welt, verknüpft Nietzsche sie semantisch mit dem Konzept des *„Willens"*. Mit dem Willen sind nicht nur *bewusst* zielgerichtete Strebungen, etwas zu erreichen, zu meiden, zu unterscheiden, zu tun oder zu machen gemeint, sondern auch unbewusst-triebhafte Handlungen. Nietzsche verknüpft verschiedene Vernunftkonzepte mit *„Moralen"*, also Habitualisierungen von „Willen", und mit *„Macht"*, also mit dem Herstellen („Machen"), Vorstellen, Darstellen und Durchsetzen von sprachlichen Konzeptualisierungen als Modellierungen von „Welt" und „Selbst". Diese gehen einher mit einer spezifischen *Praxis*, einem *„Ethos"* und einem *„Habitus"*. Alle Konzeptu-alisierungen und Modellierungen sind historisch kontingent. Diese historische Kontingenz impliziert für Nietzsche, dass die historische Diversität von Praxen,

Ethoi und Habitus in der Geschichte nicht konvergiert. Es gibt keinen Fortschritt, kein „Ende" oder „Ziel" der Geschichte. Mit seinem *sprachkritischen* Ansatz vertieft Nietzsche die Historizismus-Krise radikal, denn auf diese Weise werden gleichsam der ganze Mensch und seine Welt historisiert und *semiotisiert*. Zugleich gewinnt Nietzsche aber damit eine neue Perspektive auf die Bildung von *Kulturen*: Kultur - Moral, Religion, Wissenschaft, Kunst, Politik - ist nicht „Abbild" einer ewigüberzeitlichen - extrinsischen oder intrinsischen - Realität, sondern aktive, zielgerichtete Schöpfung, Bildung, *Organisation* von Realität, *ohne Rechtfertigung* durch einen transzendenten (oder immanenten) Zweck oder ein Prinzip der Geschichte, ohne eine „Bestimmung des Menschen", ohne eine göttliche Seins- und Heilsordnung. Diese „Rechtfertigungen" werden ex post etabliert, um bestehende Welt- und Selbst-Modelle zu stabilisieren oder zu forcieren. Die metaphysischen Haltungen des Historizismus – Realismus, Skeptizismus, Relativismus, Nihilismus - indizieren dagegen weder die Fähigkeit, etwas zu „schaffen", zu „erhalten" oder zu „forcieren" noch sind es metaphysisch „legitime" Positionen. Denn es ist *unmöglich*, in der Geschichte eine *transhistorische* Position zu beziehen. Nietzsche dachte die Zeitlichkeit des Menschen auf eine Weise radikal, die es ihm nicht erlaubte, an überzeitliche Entitäten zu glauben oder sich indifferent gegenüber der Geschichte zu verhalten. Insofern sind diese Positionen in Nietzsches Sicht Ausdruck der Verwirrung, der Schwäche, der *Lebens-Verneinung*, der Flucht aus der Existenz. Nietzsches Kritik richtet sich also gleichermaßen gegen die Metaphysiker als auch gegen die Relativisten, die jeden Wahrheitsanspruch im Tumult der Geschichte untergehen sehen. Nietzsche versucht nun, eine Position jenseits von überzeitlicher Metaphysik und relativistischem Historizismus zu finden. Jedes *Welt-Konzept* wird in Nietzsches Perspektive als „*Interpretation*" gefasst, hinter der es aber keinen „Ur-Text" gibt, auf den man sich beziehen könnte, keinen „Text an sich". Alle Aussagen über die „Welt", die „Natur", alle Konzeptualisierungen und Modellierungen der Ontologie stellen „fiktionale", aber im Anspruch „faktuale" Interpretamente dar, die nach Nietzsche eine Ordnungs- und keine Darstellungs-funktion haben.

2.

Nietzsches Strategie der Überwindung der Krise durch ihre Vertiefung

Nietzsche folgt bei seiner Analyse dem Grundprinzip des *Kantischen Kritizismus.* Die kritische Methode besteht in der Durchführung der grundlegenden Unterscheidung zwischen *Glauben, Meinen* und *Wissen* auf der Basis der Analyse und Kritik der *Bedingungen* und *Grenzen* der „*Vernunft*" als Organ des theoretischen und praktischen Wissens. Auf diese Weise destruiert er aber *Geltungsansprüche* durch ihre *Genese* und *Begründungsansprüche,* indem er sie auf *Gründungsakte* zurückführt. Dabei folgt er auch Kant, der vom Menschen als dem „*Gesetzgeber der Natur*" spricht. Hier folgt Nietzsche dem Historizismus insofern, als er das Kantische epistemologische *Apriori* historisch-semiotisch *relativiert* und damit den Kantischen *Transzendentalismus* diversifiziert und *plurifiziert.* Nietzsches Radikalisierung der Implikationen des Historizismus führt indes weder dazu, dass „nun alles egal" sei, es gleichgültig sei, was man glaubt und wie man handelt. Sie führt auch nicht dazu, dass wir zu irgendwelchen „verlorenen" Werten - zu „Gott", zur „Natur", zur „Vernunft", zur „Welt", zur „Wahrheit", zu unerschütterlichen „Prinzipien" - *zurückkehren* können. Die Lösung - wenn es denn eine geben soll - kann nur *jenseits* von *Dogmatismus* und *Relativismus* liegen. Nietzsche zieht also eine ganz andere Konsequenz als Kant und auch als seine vermeintlichen „Überwinder": dass wir neue Ordnungen herstellen, schaffen müssen - dass alle *Ordnungen* Interpretationen und *Konstruktionen* sind -, denn es gibt nicht die Möglichkeit, aus der Zeit, aus der

Geschichte auszusteigen - durch Orientierung an überzeitlichen oder vergangenen Werten -. Man kann sich faktisch nur wollend an einer Zukunft orientieren, die man sich zugleich schaffen *muss*. Die Zukunft ist „offen". Da der Mensch sich wesentlich – als im Bewusstsein seiner Zeitlichkeit existierendes Wesen - auf die Zukunft hin orientiert - er ist ein „*Wollender*" und wollen kann man nur *Künftiges* -, ist auch sein „Wesen" ein „offenes", nie „*festgestelltes*". Für das, was wir wollen, können wir uns deshalb nicht immer und jederzeit, auch nicht immer dann, wenn es „nottut", auf „*Geltungen*" berufen - Naturgesetze, göttliche Gebote, historische Gesetze oder Notwendigkeiten, Traditionen, den Willen anderer (also auch Sozial- und Gesellschaftsverträge), metaphysische oder logische Prinzipien -, wir müssen selbst die *Verantwortung* für uns übernehmen. Damit erweist sich Nietzsches Philosophie als eine Philosophie der *Selbst-Mächtigkeit* oder, bescheidener formuliert, der radikalen Verantwortung jedes Einzelnen für sein Denken, Reden und Handeln, ohne Rückhalt in einem legitimierenden „Du sollst (nicht)!" oder „Du darfst (nicht)!". Diese Verantwortung impliziert bei Nietzsche, dass ich mein So-Sein erkennen, schöpferisch gestalten und bejahen müsse, andernfalls sei es besser („vornehmer"), nicht zu existieren.

3.

„Vorspiel einer nahen Umschaffung"

Kant bezeichnete seine *Kritik der reinen Vernunft* als „vorübend (propädeutisch)"[71]. Der Ausdruck „Vorspiel", der für Nietzsches Philosophie zentral ist, kommt allerdings auch bei Kant vor:

„Jetzt, nachdem alle Wege (wie man sich überredet) vergeblich versucht sind, herrscht Überdruss und gänzlicher Indifferentism, die Mutter des Chaos und der Nacht, in Wissenschaften, aber doch zugleich der Ursprung, wenigstens das *Vorspiel* einer nahen *Umschaffung* und Aufklärung derselben (...)."[72]

Kants *„Vorspiel einer nahen Umschaffung"* zielt im Wesentlichen auf die Beantwortung der Frage, wie Wissen möglich sei. Diese Frage formuliert Kant um und fragt, wie synthetische Urteile a priori möglich sein können: eine Klasse von Urteilen, als deren Erfinder er gelten kann. Mit ihnen steht und fällt die ganze Metaphysik, ja alle Wissenschaft, deren Sätze allgemeingültig und notwendig, aber doch nicht analytisch, sondern synthetisch sein sollen, um überhaupt zu Erkenntnissen führen zu können. „Wissen" ist aber – wie „Meinen" und „Glauben" – eine Kategorie des menschlichen Geistes, die begrifflich eingespannt ist in den Begriff „Wahrheit" auf der einen Seite, und „Vermögen" (Fähigkeit, Kompetenz) des Denkens, Wissens, Erkennens andererseits. Nietzsche kritisiert nun in der Tradition Kants diese beiden

---

[71] KrV B878/ A850
[72] KrV AX, kursiv T.K.

Basiskonzepte, die Kant noch unkritisch akzeptierte. Die „Grundbegriffe" der Diskurse um den „menschlichen Geist" denotieren keine „Vermögen", d.h. sie beziehen sich nicht auf die „subjektiv" vorhandenen „Befindlichkeiten", „Seelenteile", „psychische Instanzen", „Kompetenzen", sondern auf distinkte empirische Phänomene, die im sozialen Raum relevant sind. Auf diese Phänomene wird aber nicht direkt, sondern über eine Theorie des menschlichen Geistes („Folk psychology") Bezug genommen, wie dies Nietzsche in seiner Schrift „Über Lüge und Wahrheit im außermoralischen Sinne" in der Form einer Fabel darstellt. Es ist aus der Sicht des nominalistischen Sprachkonzeptes, das Nietzsche vertritt, irreführend, zu glauben, dass es diese mentalen Zustände, Vermögen, Befindlichkeiten wirklich gibt und wir auf sie einfach nur Bezug nehmen müssten, wozu Kant sich aber berechtigt glaubt. Tatsächlich sind es die sprachlichen Distinktionen, die der Gebrauchssprache eigen sind. Man setze, wo Nietzsche vom „Volk-Vorurteil" [73] spricht, „Gebrauchssprache" ein. Die Sprache, mit der wir über die Welt reden, strukturiert, ja generiert unser Konzept von „Welt", auf das wir uns beziehen, und bildet nicht „die Welt" ab. Kant spricht in diesem Zusammenhang vom „regulativen Gebrauch der Ideen der reinen Vernunft"[74], der unseren Verstandesurteilen überhaupt eine Orientierung („Richtungslinien aller seiner Regeln in einem Punkt" [75]) gibt. Setzt man für „Vernunft"

---

[73] JGB 19
[74] KrV B670/A642
[75] KrV B672/ A644 f.

„Gebrauchssprache" ein - diese Ersetzung ist in gewissem Sinn dadurch gerechtfertigt, dass Kant ja von Sprachhandlungen spricht, nämlich von Urteilen, Schlüssen und generell vom Gebrauch der Vermögen in unterschiedlichen sprachlichen Kontexten - dann kann man Kant an dieser Stelle mit Nietzsche so interpretieren: Die Grundbegriffe des Sprachsystems, die den Sprachgebrauch organisieren und regulieren, und so wahrheitsfähige Rede ermöglichen, sind selbst nicht wahrheitsfähig, da ihnen kein Objekt möglicher Erfahrung korrespondiert. Dies ist beispielsweise bei den philosophischen Grundbegriffen Subjekt (Seele) und Objekt (Welt) der Fall. Beides gibt es nicht ontologisch, wohl aber in bestimmten Sprachsystemen: sie regulieren unsere alltägliche Rede, die auf der Unterscheidung zwischen „Dingen" und „Personen" basiert. Das Urteil: „Ich habe einen Hasen gesehen." kann beispielsweise zerlegt werden in das Subjekt der Erkenntnis („Ich"), Objekt der Erkenntnis („Hase") und Art der Erkenntnis („gesehen haben") - obwohl es diese drei Entitäten „in der Realität" in ihrer kompakten Individualität nicht zu geben braucht. Zu behaupten, dass es sie überhaupt nicht „gibt", wäre wieder ein Sprachmissbrauch, eine Kategorien-verwechslung, um mit Ryle zu reden. Dieser struktur- und kategorienbildenden Fähigkeit der menschlichen Sprache, ihrer künstlerisch-schöpferischen Dimension, setzt Nietzsche als Oppositionsbegriff, als „Wert" im System der Sprache, die Kategorie des Amorphen, Unstrukturierten, kurz, des Chaos entgegen:

„Der Gesamtcharakter der Welt ist dagegen in alle Ewigkeit Chaos (...)"[76]. In diesem Urteil geht Nietzsche mit Kant konform, der auch die Lexeme „Anarchie" und „Chaos" in Korrespondenz zur „gesetzlosen spekulativen Vernunft"[77], in Nietzsches Version einer „Vernunft", die sich über die „Gesetze" der Sprache hinwegsetzt, verwendet. Man muss hier nachdrücklich darauf hinweisen, dass dies nicht impliziert, dass die „Welt" ontologisch und faktisch chaotisch *sei*, sondern Nietzsche formuliert dies Konzept vor dem Hintergrund der Kantischen paradigmatischen Unterscheidung zwischen „Ding an sich" und „Erscheinung". Auf diese Unterscheidung nimmt Nietzsche direkt in JGB 21 Bezug: „Im 'An-sich' gibt es nichts von 'Kausal-Verbänden', von 'Notwendigkeit', von 'psychologischer Unfreiheit', da folgt nicht 'die Wirkung auf die Ursache', da regiert kein 'Gesetz'." Dieser Satz ist in mehrfacher Hinsicht interpretationsbedürftig: Nietzsche übernimmt hier Kants Bestimmung der „Dinge an sich"[78], dass „wir sie niemals, weder a priori noch a posteriori, erkennen können." (ebd.), dass also alle Aussagen über Raum, Zeit und Kausalität nur die „Erscheinungen" derselben betreffen. Negativ formuliert ist das „Ding an sich" also raum- und zeitlos, akausal und anomisch. Das ist gleichbedeutend mit „chaotisch". Kants Versuch, die erkennbare Ordnung der Welt zu retten, indem er ihr „Wesen" hinter die Kulissen der Erkenntnis verbannte, musste neugierige Naturen reizen. Jedenfalls muss ein Gesamturteil diesen

---

[76] Fröhliche Wissenschaft (FW), 109
[77] KrV B877/ A849
[78] vgl. Prolegomena A72

verborgenen Aspekt der Welt mitbedenken. Ein starker Hinweis darauf, dass Nietzsche Kant sprachkritisch transformiert, liegt darin, dass der Oppositionsbegriff von „An-sich" bei Nietzsche nicht „Erscheinung", sondern *Begriff* ist, nämlich als „konventionelle Fiktion" [79]. Daraus folgt natürlich, dass Nietzsche das „An-sich" in Anführungszeichen setzen muss, da er über den Gebrauch des Wortes „An-sich" redet und nicht über das An-sich „an sich". Als Erhärtung dieser Interpretation sei JGB 16 zitiert: „Dass aber 'unmittelbare Gewissheit', ebenso wie 'absolute Erkenntnis' und 'Ding an sich', eine contradictio in adjecto in sich schließt, werde ich hundertmal wiederholen: man sollte sich doch endlich von der Verführung der Worte losmachen." Die Grundopposition, von der Nietzsche ausgeht, betrifft die Welt und unsere (konventionell-fiktionale) diskursiv-linguale Konzeptu-alisierung von „Welt". Die folgende Passage übernimmt von Kant das Konzept des Menschen als Gesetzgeber der Natur, aber dahingehend geändert, dass wir kraft der „Zeichen-Welt" der Sprache und nicht kraft apriorischer „Vernunftvermögen" die Welt der Erfahrung und Erkenntnis „erdichten". In der Kritik des wissenschaft-lichen Naturalismus und Positivismus erweist sich Nietzsche als sprachkritisch transformierter Kantianer: „*Wir* sind es, die allein die Ursachen, das Nacheinander, das Für-einander, die Relativität, den Zwang, die Zahl, das Gesetz, die Freiheit, den Grund, den Zweck erdichtet haben; und wenn wir diese Zeichen-Welt als „an-sich" in die Dinge hineindichten, hineinmischen, so treiben wir es

---

[79] JGB 21

noch einmal, wie wir es immer getrieben haben, nämlich *mythologisch*." Dass Nietzsche „dichten" verwenden darf, wogegen sich Kant ausdrücklich verwahrt hatte[80], liegt daran, dass er die *Sprache* am Werk sieht, nicht die „Vernunft". Daher ist auch der Ausdruck „mythologisch" hier am Platz, denn μῦθος bedeutet im Deutschen „Rede, Wort, Erzählung, Fabel", aber auch „Gegenstand der Rede". Wissenschaft und Mythos werden von Nietzsche nicht in Opposition zueinander gesehen. Sondern die Aufklärung, die den Mythos durch eine rationale Welterklärung ersetzen wollte, erzeugt auch -„wie wir es immer getrieben haben" - nur „Mythen", eben sprachlich konzeptualisierte „Paradigmen" (T.S. Kuhn) der Welt-Interpretation. Wenn daher Nietzsche im folgenden Satz anhebt, zu erklären, wie es „im wirklichen Leben" zugeht, dann haben wir es mit einem Fall von Ironie zu tun, denn alle quantifizierenden und qualifizierenden Begriffe - wie „stark" und „schwach", „Leben", „Wille" etc. - sind als konventionelle Fiktionen zu deklarieren, die „*nicht* der Erklärung" dienen[81]. Aus dieser Perspektivierung ergibt sich das Postulat eines „inneren" Zusammenhanges der Kulturphänomene. Elemente und Strukturen der Kultur, die weit auseinander zu liegen scheinen, wie Musik, Religion und Erziehung oder „Sprache" und „Denken", werden mittels ihrer „Familien-Ähnlichkeit" [82] analysierbar. So findet sich bei Nietzsche die Methode der komparatistischen Sprachwissenschaft wieder - nur auf

---

[80] KrV B XIV
[81] JGB 21; alle Nietzsche-Zitate nach der KSA.
[82] JGB 20; vgl. die ähnliche Verwendung des Lexems bei Wittgenstein: Philosophische Untersuchungen § 67.

Kultur im Allgemeinen bezogen -, die zu der Entdeckung der indogermanischen „Sprachfamilie" geführt hat. Ansatzweise gelangt Nietzsche so zu einer Kulturmorphologie und über das Postulat homologer, isomorpher oder analoger Strukturen zu einer quasistrukturalen Kulturphilosophie.

4.

Metapher und Metaphysik

Von entscheidender Bedeutung scheint mir Nietzsches „nominalistisches" *Sprachkonzept* zu sein, das Aspekte des „Sprachrelativismus" (Isomorphie von Sprache und Denken) von Lichtenberg, Herder, Humboldt und Schleiermacher aufgreift und im Sinne einer radikalen Sprachkritik verschärft. So spricht Nietzsche von der „Philosophie der Grammatik". Philosophische und wissenschaftliche Begriffe bezeichnet Nietzsche als „conventionelle (...) Fiktionen zum Zweck der Bezeichnung, der Verständigung, n i c h t der Erklärung.". Besonders deutlich äußert er sich in „Über Wahrheit und Lüge im außermoralischen Sinne". Die Form einer Narration („Fabel"), ja eines Märchens: „(...) gab es einmal ein Gestirn (...)" am Beginn des Essays stellt theoretische und mythologische „Erzählungen" in eine gewisse Nachbarschaft. Über die Wörter im Allgemeinen schreibt Nietzsche: „Was ist ein Wort? Die Abbildung eines Nervenreizes in Lauten."[83] und über die Sprache unter der Perspektive der Wahrheit: "Was ist also Wahrheit? Ein bewegliches Heer von Metaphern, Metonymien, Anthropomorphismen...". [84] Nietzsche interpretiert die klassische scholastische Wahrheitsdefinition[85] um. Wenn man statt „intellectus" „verbum" setzt, und für „res" einen „Nervenreiz", lautet die Definition dann: „Wahrheit ist die Übereinstimmung eines Wortes mit einem Nervenreiz."

---

[83] KSA 1, 878
[84] KSA 1, 880
[85] *Veritas est adaequatio intellectus ad rem.*

Der metaphorische Charakter von Wahrheit ergibt sich dann zwingend, wenn die wahrheitsfähige Rede sich nicht auf Sachverhalte bezieht, sondern ausschließlich auf die „Nervenreizungen", deren Abbild sie sei. Wenn man aber dieses Zitat zur Grundlage der Nietzsche-Interpretation nimmt, dann zeigt sich an diesem Satz schon ein grundlegendes Problem: Auf eine Definitionsfrage folgt eine formal-syntaktisch korrekte Antwort. Setzt das Verständnis der Frage nicht schon voraus, dass der Leser ein Verständnis von „Wahrheit" hat? Und ist „Wahrheit" - als *Wort* - nach dem Vorherigen nicht eine „Abbildung von Nervenreizen in Lauten."? Aber diese „Erklärung" dessen, was ein „Wort" sei, wäre ebenfalls nur Abbildung eines Nervenreizes, also keine „Erklärung". Nietzsche hatte behauptet, dass Begriffe nicht der Erklärung, sondern der Verständigung dienen. Also kann sein Definitionsvorschlag in dem Sinn interpretiert werden, dass er eine neue Konvention in der Verständigung über den Begriff der Wahrheit und folglich auch über den korrespondierenden Begriff des Wissens einführen will. Tatsächlich weist seine quasi-neurobiologische Antwort auf die Frage, was Wahrheit sei, Probleme auf, denn auch Nietzsches Antwort wäre ja nichts anderes als eine „Abbildung eines Nervenreizes". Die Antwort hat freilich noch weitere Tücken: „ein bewegliches Heer", das ist ebenfalls eine (martialische) Metapher. Also „Wahrheit" ist ein x „von Metaphern". Was aber ist das „x"? Die Abbildung eines Nervenreizes. Da diese positivistische Antwort die Adäquationstheorie der Wahrheit voraussetzt, stellt dies Argument eine Reductio ad absurdum dar. Es sei denn, es handelt sich um ein ironisches Argument - dann wäre auch „Nervenreiz" nur eine weitere Metapher. Jedenfalls gehören zu dem „beweglichen Heer" sehr zahlreiche Elemente, die miteinander verbunden sind, die - im Unterschied zum „stehenden Heer" - im Kriegseinsatz sind. Also ein Verbund in actu. Das sprachwissenschaftlich Charakteristische von „Metaphern" ist, dass sie nicht „Realität abbilden", sondern Sinnbeziehungen zwischen Wörtern oder Syntagmen darstellen. Sprache, deren Bedeutung nicht in dem Abbildungsverhältnis („Referenz", „Denotation") zur „Realität" gesehen wird, sondern in der internen Kodierung („bewegliches Heer von Metaphern"), produziert externe Referenz als sprachinterne Fiktion. Diese Fiktionalität kommt in der ebenfalls klassischen Zeichendefinition zum Ausdruck: *aliquid stat pro aliquo*. Mit einem Dolch kann man töten, aber nicht mit einem „Dolch". Und doch haben wir den Eindruck, dass „Dolch" „für" Dolch „steht" und nicht für einen „Nervenreiz". Der Anspruch, dass Wörter für Sachen/Dinge stehen, ist zumindest irreführend, wenn er in Nietzsches Sinn interpretiert wird. Wenn Sprache nur neuronale Aktivität „abbildet", dann ist ihr referentieller Alltagsgebrauch natürlich metaphorisch. Aber eine solche Rückführung von Bedeutung auf „Nervenreizungen" wäre selbst eine metaphorische. Wichtig ist, dass Nietzsche das philosophische Problem der Wahrheit als ein *Problem* der *Sprache* und sogar des *Sprechens* erkennt. Zugleich ist das Wahrheitsproblem mit den Problemen der Erkenntnis und des Wissens und bei Platon[86] sogar mit dem Problem des Guten semantisch verknüpft. Dies führt bei Nietzsche

---

[86] Beispielsweise im Protagoras und in der Politeia.

nicht nur zu einer Krise der Erkenntnis, sondern auch und vor allem zu einer Krise der Moral. Dass wir mittels der Sprache nicht nur Aussagesätze produzieren, die entweder wahr oder falsch sein können, sondern dass wir mit und durch die Sprache *handeln*, diese Einsicht von Platon[87], die Mitte des 20. Jahrhunderts von Austin und Wittgenstein wiederbelebt wurde, führt bei Nietzsche zu der Schlussfolgerung, dass alle philosophischen, religiösen und wissenschaftlichen Konzeptualisierung von „Gott", „Seele" und „Welt" konventionelle Konstruktionen sind. Kant bezeichnet diese Lexeme als „regulative Ideen", denen kein Gegenstand möglicher Erfahrung entspreche, die aber dennoch notwendig seien, um der Vernunft Einheit zu geben. Der Begriff der „transzendentalen Ideen" im „regulativen Gebrauch"[88] lassen sich in Nietzsches Begriff der „konventionellen Fiktionen" übersetzen, wenn man als „fiktiv" dasjenige semiotische Artefakt definiert, das zwar einen repräsentationalen Zeichencharakter, aber keine (direkte) Beziehung zur Wahrheit hat. Oder kürzer: Fiktiv ist das, was vortäuscht faktual zu sein, noch kürzer: eine Täuschung oder Illusion. Allerdings sind aus Kants Sicht die „transzendentalen Ideen" keine Konventionen, d.h. kulturell-soziale Übereinkünfte, sondern Universalien. Die konventiona-listische Sprachkonzeption Nietzsches[89] ist indes nicht unvereinbar mit dem Gedanken, dass es sich bei Sprachnormen zugleich um *unentbehrliche* Konventionen

---

[87] Kratylos 387b: „Ist nun nicht auch das Reden eine Handlung?".

[88] KrV B670/A642 f. Die regulativen Ideen stehen im Gegensatz zu den für die Gegenstandserkenntnis konstitutiven Kategorien des Verstandes.

[89] Vgl. den Begriff νόμῳ im "Kratylos".

handeln könne. Jedenfalls unter der kontrafaktischen Prämisse, dass der Mensch nicht leben könnte ohne sie. In JGB 4 ist zwar von den „falschesten Urteilen" die Rede, aber Nietzsche macht keinen prinzipiellen Unterschied zwischen Begriffen und Urteilen bezüglich ihres grundsätzlich fiktionalen Charakters [90]. Die „konventionellen Fiktionen" bei Nietzsche haben aber einen etwas zwiespältigen Charakter: 1) Die Sprache insgesamt hat einen konventionellen, fiktionalen, illusionären Charakter. 2) Diesen Charakter kann sie aber nur haben, wenn wir irgendwie feststellen könnten, dass „die Sprache" nicht „der adäquate Ausdruck aller Realitäten" sei[91]. Die Art, dies festzustellen, könnte dabei weder in der Sprache erfolgen noch in der Sprache einen „adäquaten Ausdruck" erhalten. Kant hat dies Problem nicht, weil er die klassische korrespondenztheoretische Wahrheitstheorie akzeptiert. Sie ist für seine Konzeption der Grenzen der reinen Vernunft sogar von zentraler Bedeutung, denn die „Übereinstimmung unserer Begriffe mit dem Objekte" führen „zur Wahrheit" und damit zu „Wissen" und „Gewissheit". Mit „völlige(r) Gewissheit" müssen aber die „Urteile (...) aus reiner Vernunft" gewusst werden, „widrigenfalls gar keine Leitung auf Wahrheit angetroffen wird."[92]. Das heißt, die apriorische Gewissheit steht jenseits der Wahrheit; und diese Gewissheit ist die Grundlage dafür, dass überhaupt wahre Urteile gefällt werden können. Ohne das Zugeständnis apriorischer Gewissheit gäbe es keine wahrheitsfähigen Urteile. Wenn

---

[90] Vgl. KSA 1,878
[91] Ebd.
[92] KrV B670/ A642, B850/ A822, B851/A823

aber die apriorischen Urteile nicht wahrheitsfähig sind, dann ist es auch *nicht auszuschließen, dass es sich um „konventionelle Fiktionen" handelt*. Denn typisch für Konventionen und Fiktionen ist ja, dass sie nicht wahrheitsfähig sind. Wahrheitsfähig sind Propositionen (Urteile), in denen einem Satzsubjekt ein Prädikat zugeschrieben wird. Neben den analytisch wahren Aussagen, deren Negation einen Widerspruch impliziert, sind synthetische - empirische - Aussagen nur dann wahr, wenn sie an der Erfahrung verifiziert oder falsifiziert werden können. Analytische Aussagen sind a priori wahr, synthetische „nur" a posteriori. Damit nun auch allgemeine Aussagen wahr sein können, die man nicht für jeden Einzelfall verifizieren oder falsifizieren kann, benötigt man nach Kant synthetische Urteile, die zugleich a priori wahr sind. Diese kann es nur geben, wenn sich zeigen lässt, dass allen Urteilen des Verstandes die gleichen Kategorien notwendig zugrunde liegen. Gegenstand oder „Objekt" der synthetischen Urteile a priori müssen Objekte möglicher Erfahrung sein. Und mögliche Erfahrung ist immer sinnliche Erfahrung. Warum? Kant antwortet im „Beschluss der transzendentalen Ästhetik", dass die apriorischen Anschauungsformen, die aller Erfahrung zugrunde liegen, Raum und Zeit, auch zugleich die Gegenstände aller Erfahrung konstituieren. Kant baut nach der „Deduktion der reinen Verstandesbegriffe" - an dieser entscheiden-den Stelle der Verknüpfung der apriorischen Anschau-ungsformen mit den Kategorien des Verstandes im konkreten Urteil - eine „Analytik der Grundsätze: Von dem

Schematismus der reinen Verstandesbegriffe"[93] ein, die zeigen soll, wie „die Verstandesbegriffe, welche die Bedingung zu Regeln a priori enthalten, auf Erscheinungen anzuwenden" seien[94]. Nun könnte es sein, dass allen *sprachlichen* Urteilen des Verstandes die gleichen *sprachlichen* Kategorien notwendig zugrunde liegen. Und diese Kategorien könnten metaphorischen Charakter haben und damit *„konventionelle Fiktion"* sein.

---

[93] KrV B176/A137 bis B187/ A 147
[94] KrV B171/ A132

5.

Die Sprache der Moral oder die Moral der Sprache

Nietzsches Vokabeln seiner naturalistisch-biologistischen Beschreibungssprache, wie „stark", „schwach", „Leben", „Wille", die leicht inhaltsleer werden, können als ironische Metaphern der „irrationalen" Wurzeln der Vernunft gelesen werden. Sie sind Ausdruck eines Sprachkonzeptes, das Sprache nicht als System von Abbildungen, sondern als Instrument der Bildung, Schöpfung von „Welt" interpretiert. Die Sprache erscheint als Konzept, auf das wir referieren, wenn wir auf die Welt referieren. Zugleich begibt Nietzsche sich gerade mit diesem Vokabular in den semantischen Bereich, den Platon ausdrücklich kritisiert und in seinem Erkenntnismodell nur bedingt mitgesetzt hat[95]. Der Diskurs der „Stärke" spielt aber auch bei Platon eine große Rolle:

„Oder meinst du, die großen Verbrechen und die reine Schlechtigkeit komme aus einer gemeinen und nicht vielmehr aus einer reich ausgestatteten, aber durch Erziehung verderbten Natur, indem ja eine schwache Natur nie Großes weder im Guten wie im Bösen hervorbringen kann?"[96]

Denn „Stärke" verhält sich indifferent gegen „Gut und Böse", ist eine Bedingung für beides (im großen Stil), es muss allerdings noch Erkenntnis (ἐπιστήμη) des Guten (τὸ ἀγαθόν) hinzukommen, damit die starken Naturen zum

---

[95] Politeia 336 b ff. und das „Höhlengleichnis" 514a, insbes. 515 c f., wo mehrfach vom „Zwang" die Rede ist und nicht vom „Willen".
[96] Politeia 491e-492a

Guten wirken. Zieht man hier beispielsweise noch den Dialog „Protagoras" heran, ergibt sich ein klares Bild, denn gerade die *Stärke* der Erkenntnis des Guten wird als notwendige und hinreichende Bedingung des Tuns des Guten betrachtet:

"...und wenn einer Gutes und Böses erkannt habe, werde er von nichts anderem mehr gezwungen werden, irgendetwas anderes zu tun, als was seine Erkenntnis ihm befiehlt, sondern die richtige Einsicht sei stark genug, dem Menschen durchzuhelfen (...)" [97]

Der Diskurs der „Stärke" – „gezwungen", „befiehlt", „stark" - spielt auch bei Kant eine Rolle, beispielsweise im ersten Hauptstück der „transzendentalen Methoden-lehre" in Form einer „Disziplin der reinen Vernunft": „Man nennt den *Zwang*, wodurch der beständige Hang von gewissen Regeln abzuweichen, eingeschränkt, und endlich vertilgt wird, die Disziplin." [98]. Also auch bei Platon und Kant gibt es das Vokabular, das für Nietzsche wichtig werden sollte, aber noch in dienender Funktion. Da Nietzsche die ontologische Dualität von Vernunft /Bewusstsein/Geist *und* Sinnlichkeit/ Instinkt/ Natur als eine semantische Fiktion betrachtet [99], basieren auch die semantischen Distinktionen zwischen Denken, Wollen und Fühlen nicht auf einer ontologischen Differenz. [100] Mit anderen Worten: Wenn Nietzsche vom „Willen" redet, dann redet er nicht nur von etwas „Kompliziertem",

---

[97] Prot. 352 c
[98] KrV B737/A709
[99] „(...) ebenso wenig ist 'Bewusstsein' in irgendeinem entscheidenden Sinne dem Instinktiven *entgegengesetzt* (...)". (JGB 3)
[100] JGB 16

sondern es muss auch klar sein, dass diese Rede auf einer Entscheidung basiert, die womöglich in Hinblick auf den philosophischen Sprachgebrauch eine andere Funktion hat als zu sagen, wie es „im wirklichen Leben" zugeht, zumal Nietzsches Willens-Begriff ohne Schopenhauers Willens-Metaphysik undenkbar wäre.

Nietzsche konzeptualisiert aber sein Interpretations-konzept in einer sprachkritischen Wende gegen Schopenhauers Willens-Metaphysik. Diese Überlegungen führen bei Nietzsche zu einer Neuinterpretation des Konzeptes der „Natur", der „Vernunft" und der „Freiheit". Platon und Kant glaubten, dass der freie Wille immer der vernünftige Wille ist. Bezüglich der Moral führte das bei Platon dazu, dass der freie Mensch immer nur das Gute will, dass ihm ein böses Wollen nicht angerechnet werden kann. Anders dagegen bei Kant: hier soll das böse Wollen zurechenbar sein und daher benötigt Kant an der Wurzel des Bösen das Postulat der Freiheit aus Vernunft. Dies führt ihn jedoch in eine Aporie, die sein Konzept der praktischen Vernunft in Frage stellt: Der Mensch solle aus Vernunft gegen die Vernunft wollen können, d.h. er solle gute Gründe haben, die nicht in der Sinnlichkeit wurzeln, gegen gute Gründe zu wollen, zu denken und zu handeln. Kant muss so argumentieren, da die einzige Opposition zur Naturnotwendigkeit in seinem semantischen System die Vernunft ist, die Freiheit erst ermöglicht. Nietzsche setzt hier, aufgrund seiner sprachkritischen Trans-formation der Metaphysik, an und gewinnt ein neues Konzept der Vernunft und damit auch der Freiheit: die Sprache als Produzentin von metaphysischen Mythen („Fabeln") kann zwar nicht grundsätzlich überschritten werden - vielleicht in der Kunst oder im Wahnsinn -, aber es ist möglich, die Sprachen zu wechseln. Im Gegensatz zur vorgeblich universalistischen „Vernunft" haben wir es bei der Sprache mit einem unerschöpflichen „Multiversum" verschiedener Sprachen, Lekte, Stile, Register zu tun, und alle Sprachen modellieren und konzeptualisieren die „Universen", auf die sie referieren. Sprachen denotieren nicht die "Realität", sondern unsere Konzeptualisierungen der „Realität". Es besteht kein Zweifel für den Interpreten, dass damit die sprachphilosophische Wende eingeläutet wird, die erst bei Wittgenstein und Austin einen gemäßigteren Ausdruck finden wird. Doch die Verabschiedung aller Ontologie aus der Philosophie und Wissenschaft, der Verabschiedung aller trans-lingualen Metaphysik ist langwierig und zäh, wenn nicht gar unmöglich. Nietzsche hat bereits die Einsicht, dass wir sprechend im Netz der Metaphysik unserer Sprache gefangen sind, der wir nur im Medium der Ironie entkommen, ihr ein gewisses Maß an Freiheit des „Geistes" abtrotzen können. Diese Einsicht hat Nietzsche in den Konsequenzen für Religion, Moral, Naturwissenschaft, Psychologie, für unser gesamtes Leben, mehr als deutlich gemacht. Im sprachskeptischen Ansatz steckt schon die Umkehrung des Verhältnisses von „Freiheit" und „Vernunft", das für den moralischen Diskurs von Platon über Kant bis zu Hegel bestimmend war: unsere „Freiheit" besteht in der „Polyphonie" und „Dialogizität" des Wortes, wie Bachthin es nennt, in der Plastizität und Variabilität unserer Welt- und Selbst-Konzepte, in der Ironie gegenüber aller Sprache, der wir nicht entkommen können. Die Metapher der „Macht" und des „Willens" ist sprachintern das semantische Signal dafür, dass kein übergeordnetes Meta-Konzept von Rationalität die Vielzahl der Diskurse steuert. Und wenn dies zu einer bestimmten Zeit der Fall, wenn ein Paradigma herrschend ist, dann ist diese Herrschaft keine Frage der Rationalität. Daraus folgt, dass es auch keine privilegierte Beschreibung der Natur oder der Welt in ihrer Totalität geben kann, da unsere Konzeptualisierungen auch die elementarsten „Dinge" konstituieren, aber eben nicht a priori und folglich nicht universell und notwendig.

6.

Die Sprache der Natur oder die Natur der Sprache

Die sprachphilosophische Relativierung aller Welt-Konzepte impliziert deren Gebrauch als „Interpretationen" auch in Bezug auf die Naturwissenschaften. Dies wird in JGB im Aphorismus 22 explizit gemacht. Der erste Satz - er geht über neun Zeilen - ist rhetorisch kein Glanzstück. Er beginnt mit einer ironischen „Captatio benevolentiae" − „Man vergebe es mir als einem alten Philologen (...)" -, gegenüber den „Physikern", um dann sofort deren „schlechte Interpretations-Künste", „Zurechtmachung und Sinnverdrehung", zu brandmarken. Schließlich endet er in einem exklamatorischen Vergleich der gemutmaßten Hauptkategorie der „Physiker" („'Gesetzmäßigkeit der Natur'") mit politisch-moralischen Kategorien („humanitär-demokratisch"). Dieser Vergleich impliziert die Annahme, dass theoretisch-wissenschaftliche Naturkonzeptionen dem gleichen Paradigma angehören wie soziale, politische und anthropologische Konzeptualisierungen. In beiden Fällen geht es um „Natur" (entweder um die natura naturata oder die natura naturans) - menschliche und außermenschliche Natur -, die allerdings von uns Menschen konzeptualisiert wird: das anthropomorphistische Homo-Mensura-Prinzip[101] scheint nicht übersteigbar. Die Annahme des fiktionalen Charakters der Sprache allerdings setzt eine davon unabhängige Welterfahrung voraus, dem gegenüber die Sprache „fiktional" ist, nicht repräsen-

---

[101] Laut „Kratylos" 386a geht der Satz „Der Mensch ist das Maß aller Dinge" auf Protagoras zurück.

tational. Diese „Welt" („Natur" oder „Leben") wird von Nietzsche unterschiedlich sprachlich paraphrasiert, am häufigsten als „Wille zur Macht", aber auch als „Chaos"[102]. Das Syntagma „Wille zur Macht" ist höchst interpretationsbedürftig. Was heißt „Wille"? Was heißt „Macht"? Zunächst gilt auch hier wieder, dass Nietzsche annimmt, auch diese Kategorien seien „konventionelle Fiktionen", die in einem „System" vorkommen, so dass erst die Rekonstruktion dieses „Systems" von „Begriffen" die Rolle dieser speziellen Begriffe beleuchten würde. Denn für sich genommen, haben diese Lexeme keine bestimmte Bedeutung. Da ist es nützlich, weitere Nietzsche-Stellen heranzuziehen: So schreibt er in der Vorrede von 1886 zur „Fröhlichen Wissenschaft" (Abschnitt 2, Ende):

„(...) bei allem Philosophieren handelte es sich bisher gar nicht um 'Wahrheit', sondern um etwas anderes, sagen wir um Gesundheit, Zukunft, Wachstum, Macht, Leben...".

In der „Fröhlichen Wissenschaft" (Aphorismus 349) schreibt er dann weiter: „Der Kampf ums Dasein ist nur eine *Ausnahme*, eine zeitweilige Restriktion des Lebenswillens; der große und kleine Kampf dreht sich allenthalben ums Übergewicht, um Wachstum und Ausbreitung, um Macht, gemäß dem Willen zur Macht, der eben der Wille zum Leben ist."

Und in JGB 13 schreibt Nietzsche: „Vor allem will alles Lebendige seine Kraft - Leben selbst ist Wille zur Macht -:

---

[102] FW, 109

die Selbsterhaltung ist nur eine der indirekten und häufigsten *Folgen* davon."

Das Konzept der „Selbsterhaltung", das für Spinoza, Hobbes, Hume und in der Physik für Newton und in der Biologie für Darwin - weniger für Kant, der in der quasi-teleologischen Entwicklung der „Naturanlage" der Vernunft die Bestimmung des Menschen sah - bestimmend war als Paradigma aller Natur-Erklärung, erfährt bei Nietzsche eine radikale Neuinterpretation: „Selbsterhaltung" wird als okkasionelle Folge einer grundsätzlich anderen, nämlich zweckfreien Konzeptuali-sierung von „Natur" aufgefasst. Diese neue Konzeptualisierung von Leben als „Wille zur Macht" ist freilich — wie gesagt - interpretationsbedürftig. Eine Annäherung ist über das semantische Feld der Macht-Kategorie bei Nietzsche möglich: *Gesundheit, Zukunft, Wachstum, Leben, Übergewicht, Ausbreitung, Kraft auslassen.* Aber auch *Stärke* und *Schwäche* werden zu zentralen Kategorien der Beschreibung des *Willens.* Dies ganze Repertoire an *Metaphern* signalisiert nur die positive Opposition zu dem, was Nietzsche ablehnt - Krankheit, Niedergang und Tod - und das noch ohne jede epistemische Qualifikation. Nietzsche interpretiert als Philologe die Tätigkeit der Physiker als Interpretation, und zwar als schlechte, weil sie nicht zwischen „Text" und „Interpretation" unterscheidet. Dieser Einwand ist problematisch, denn nach Nietzsches eigener Wahrheits-konzeption ist eine solche Unterscheidung nicht mehr möglich. Er zerstört die referentielle Relation zwischen „Text" und „Interpretation" – also zwischen Welt und Sprache – selbst, wenn er Sprache als „Abbildung" von

„Nervenreizen" und letztlich metaphorisch interpretiert. Die ontologische Präsupposition, dass die Natur von „Naturgesetzen" regiert werde, die die die Naturwissenschaftler nur „entdecken" müssten, sei „Interpretation", nicht „Text". Nietzsche hinterfragt also nicht die Formulierung bestimmter Naturgesetze, wofür er als „Philologe" auch nicht kompetent wäre, sondern die Annahme, dass die Natur bestimmten „Gesetzen" überhaupt folge, wobei er die juridische Konnotation[103] am Schluss dominant setzt. Dies kann er schließlich aus scheinbar gutem Grunde tun, nachdem er für sich die „Falschheit" der „synthetischen Urteile a priori" erkannt hat, deren Annahme für Kant eben notwendig gewesen ist, um die Möglichkeit von Naturwissenschaft und insbesondere von Naturgesetzen zu begründen. Nicht zufällig hat sich Kant - mit seiner kosmologischen Wirbel-Hypothese - zunächst einen Namen als theoretischer Naturphilosoph (Physiker) und nicht als Begründer des Kritizismus gemacht, obwohl der Zusammenhang zwischen beiden Aufgaben mehr als offenkundig ist[104]. Die Voraussetzung, die die Physiker machen, ist ihnen offenbar - nach Nietzsche - gar nicht als Voraussetzung bewusst, sonst wüssten sie, dass der Satz, „Die Natur ist allgemeinen Gesetzen unterworfen." eine Mutmaßung, Unterstellung, eine unbewiesene Voraussetzung - eben schlechte Interpretation - sei, wenn er nicht als *Arbeitshypothese* am Anfang stehe. Zunächst fällt also auf:

---

[103]Aber sehr einseitig, denn „Gesetz" impliziert weder Humanität noch Demokratie und wurde als theologische Metapher auch verwendet, um die quasi-monarchische Regentschaft „Gottes" zu beglaubigen.
[104] Vgl. z.B. KrV B5

Nietzsche reformuliert die Sprache der Physik in der Sprache der Hermeneutik als „Interpretation". Der erste Satz schon ist mehrdeutig. Zunächst sind „Zurecht-machung" und „Sinnverdrehung" keine Einwände, denn: „Die Falschheit eines Urteils ist uns noch kein Einwand gegen ein Urteil."[105]. Nietzsche befasst sich - an der Textoberfläche - zwar nicht extensiv mit den Möglich-keiten der wissenschaftlichen Naturerklärung, aber doch ziemlich intensiv, da er grundlegende Annahmen der Wissenschaft hinterfragt. Dies tut er im Zusammenhang mit Kant, Descartes, der Stoa, den „Physikern" und der „Physiologie". Nietzsche äußert sich auch explizit zum Typ des Wissenschaftlers. Besonders zentral scheint ihm die Frage nach den Naturgesetzen zu sein, die in der Tat im Zentrum der (theoretischen) Naturwissenschaft seit Newton stehen. Auffällig ist schon sprachlich das Kompositum „Naturgesetz" (Gesetz der Natur), weil es zwei semantische Bereiche verbindet, die für das griechische Denken (beispielsweise im Dialog „Kratylos") nicht selbstverständlich zusammengehören, nämlich φύσις und νόμος. νόμος wurde im Dialog "Kratylos" von Hermogenes im Sinne von konventionell, beliebig, arbiträr[106] ausgelegt, woraufhin Sokrates das Homo-Mensura-Prinzip von Protagoras, das offenkundig hinter Hermogenes' Meinung steht, widerlegt mit dem Hinweis, dass, wenn Protagoras Recht hätte, die Unterscheidung zwischen vernünftig und unvernünftig nicht mehr zu machen wäre (386c), wie im Übrigen gar keine Unterscheidung mehr. Wie ist es nun möglich, dass der

---

[105] JGB 4
[106] Platon, Kratylos 385 d-e

Terminus „Gesetz" nun geradezu eine entgegengesetzte Bedeutung erhalten hat: von universell und notwendig gültigen Aussagen? Solche radikalen Bedeutungsverschiebungen im Zusammenhang mit der Herausbildung von metaphysischen „Paradigmen" (T.S. Kuhn) mögen übrigens den Philologen Nietzsche auch im Zusammenhang mit den Bedeutungsverschiebungen auf dem semantischen Feld „Gut und Böse" zu Fragen veranlasst haben. Gerade vor dem Hintergrund, dass heute unter Physikern und Wissenschaftstheoretikern der Begriff des Naturgesetzes und seine Anwendbarkeit im Diskurs um die „Natur" wieder umstritten ist, scheint Nietzsches Kritik besonders aktuell.

7.

Die Sprache der Kultur oder die Kultur der Sprache

Nietzsche wendet sich den philosophischen und religiösen Traditionen und ebenso den philosophischen, wissenschaftlichen und religiösen Ambitionen seiner Zeit - also in der 2. Hälfte des 19. Jahrhunderts - unter der Fragestellung zu, was den Wert einer Kultur ausmache. Diese Fragestellung allein schließt einen „objektiven", „deskriptiven" Zugang aus. Der Möglichkeit, einer gleichsam „neutralen" Betrachtung (θεωρία), stand Nietzsche äußerst skeptisch gegenüber [107], und die Taxierung selbst setzt einen Wertmaßstab voraus. Nietzsche fragt zwar auch und besonders intensiv nach den Werten, die in vergangenen oder gegenwärtigen Kulturen galten, aber es ist seine Absicht, selbst eine Taxonomie des Lebens der Kultur(en) vorzunehmen, da er die bisherigen Versuche, bestimmte Werte und Ziele des Lebens (also „Erkenntnis", „Wahrheit", das „Gute", „Gott", das „Sein", „Glück") als schlechthin gültig zu begründen, zu predigen und zu fordern, als Symptome des Nihilismus interpretiert. Der illusorische Charakter der Versuche, die Quellen des Guten, Wahren und Schönen in einer jenseitigen Welt zu postulieren, ist ihm dabei kein Einwand, da seiner Auffassung und seinem Sprachkonzept nach alle Erkenntnis illusorisch ist, insofern sie beansprucht, die Realität adäquat abzubilden. Der produktive und kreative Charakter des menschlichen Willens, Erkennens und Sprechens ist für Nietzsche der Ausgangspunkt einer Transformation des abend-

---

[107] Vgl. JGB 6; 10

ländischen Denkens, einer „Umwertung aller Werte". Dies ist schon an seinen frühen Schriften ablesbar, sowohl in „Die Geburt der Tragödie" als auch in den „Unzeitgemäßen Betrachtungen" und den nachgelassenen Vorträgen „Über die Zukunft unserer Bildungsanstalten". Unter „Kultur" versteht Nietzsche die Gesamtheit der Lebensäußerungen von Gesellschaften.

Alle gesellschaftlichen Institutionen betrachtet Nietzsche als *Symptome* (Anzeichen) dafür, wie Menschen zu verschiedenen Zeiten das Leben gelebt und es verstanden haben, die Möglichkeiten des Lebens zu nutzen oder einzuschränken. Unter die Formen des Gesellschaftlichen fallen die herrschenden Religionen, Moralen, metaphysischen Konzepte, einschließlich der Wissenschaften, Bildungseinrichtungen[108], der bürokratischen Organisationen und politischen Verfassungen. Auch alle Arten technischer, zivilisatorischer, öffentlicher Einrichtungen und Rituale (Buchmarkt, Zeitungswesen, Verkehr, Parlamente etc.) oder die Weisen, wie und was für „Kunst" gepflegt, genossen, verlangt wird - all diese kulturellen Formen („Stile") gelten ihm als Ausdruck des „Willens zur Macht". Der Grad der Steigerung und „Erhöhung"[109] des Menschen oder des Lebens durch den Menschen gilt Nietzsche als Grad der Kultur. Nietzsches Anstrengung ist auf eine neue Beschreibungssprache - eine meta-philosophische Sprache - gerichtet, die es ihm ermöglichen soll, über die Art, wie bisher über „das Leben geurteilt" wurde, selbst zu urteilen. Damit verlässt er - er

---

[108] So fragt er, was überhaupt unter „Bildung" zu verstehen sei.
[109] JGB, 257

versucht es zumindest - die klassischen philosophischen Diskurse. Freilich sind damit neue Probleme verbunden[110]. Nietzsches Schlussfolgerung setzt allerdings ein bestimmtes Handlungsmodell voraus: Handlungen haben Gründe oder Motive, die sich auf das Ziel der Handlung beziehen. Intentionen, Absichten oder Willensakte wurden traditionell den Handlungen (im Gegensatz zu bloßen Ereignissen) vorgeschaltet, um den Bereich der (emotiven, volitionalen oder rationalen) Handlungs-Gründe und Motive vom Bereich der Naturursachen unterscheiden zu können. Nietzsche wählt die Kategorie des Willens in pluraler Form und mit den Implikationen, die er seit Schopenhauers „Welt als Wille und Vorstellung" hat. Die metaphorische „Brücke" zwischen den vielen Individualwillen und den tausendfältigen kulturellen Phänomenen bildet die Sprache. Wörter, die psychische Phänomene - wie Geist, Verstand, Gefühl, Empfindung, Eindruck, Bewusstsein, Vernunft, Wille, Trieb[111] etc., - als einen Zustand, eine Befindlichkeit, ein subjektives „Vermögen" (Kant), über deren Vorkommen nur das „Subjekt" via „Introspektion" oder „Intuition" Bescheid wissen kann [112], beschreiben, werden im Zuge des Spracherwerbs erlernt, ohne dass eine gemeinsame Bezugnahme von Sprachlerner und Sprachlehrer auf das (scheinbar) bezeichnete Phänomen stattfindet, sondern nur auf sichtbare Verhaltensänderungen, auf die man zeigen und die man benennen kann. Nietzsche hat zwar

---

[110] Vgl. Borsche zum Stichwort Metaphysik-Kritik bei Nietzsche, in: Simon, 1997, 260.
[111] JGB 19
[112] Vgl. JGB 16 und 17

keine entsprechende Konzeption des Spracherwerbs entwickelt, aber einige Äußerungen lassen sich in diesem Sinne interpretieren, so schreibt er in der „Genealogie der Moral":

„Das Herrenrecht, Namen zu geben, geht so weit, dass man sich erlauben sollte, den Ursprung der Sprache selbst als Machtäußerung der Herrschenden zu fassen: sie sagen „das *ist* das und das", sie siegeln jegliches Ding und Geschehen mit einem Laute ab und nehmen es dadurch gleichsam in Besitz."[113]

Hier beginnt schon das Problem der Bezugnahme auf (psychologische) Kategorien: haben „mentale/psychische" Termini überhaupt einen „psychischen" Referenzraum? Mit welchem Recht spricht man von psychologischen Begriffen, wenn gar nicht klar ist, ob es sich nicht vielleicht eher um „physiologische" Begriffe handelt? Die „psychologischen" Begriffe - wie Denken, Wollen, Fühlen [114] - bezeichnen nicht getrennte „Vermögen", sondern bilden ein System, das ein bestimmtes Modell des menschlichen „Geistes" repräsentiert. Tatsächlich nimmt man, so Nietzsche, mit einer ganzen Theorie, einem System von Begriffen [115] Bezug auf „mentale Phänomene". Kants Einschränkung des Verstandesgebrauchs auf synthetische Urteile, die über die apriorischen Anschauungsformen Raum und Zeit und die Verstandeskategorien unbedingte Geltung haben, sofern sie wahr sind, d.h. mit ihrem Objekt

---

[113] 1. Abh.,2. Aphorismus
[114] vgl. JGB 16
[115] vgl. JGB 20

übereinstimmen[116], schränkt den Bereich sinnvoller Rede auf Phänomene der Erfahrungswelt ein, mit Ausnahme „transzendentaler" Diskurse, deren „Gegenstand" unser apriorisches Wissen sei[117]. Diese Einschränkung kann auch sprachphilosophisch ausgelegt werden. Dies hätte aber die Konsequenz - die Nietzsche auch gezogen hat -, dass das Apriori nur das Sprachsystem oder Teilsysteme desselben betrifft[118] und die Elemente des Sprachsystems bezeichnet, die die Systematik der Grammatik betreffen und die an den Polen semantischer Relationen stehen und das semantische Feld strukturieren. Deshalb kann man mit den Mitteln des Sprachsystems nicht die Grundbegriffe abbilden, die es strukturieren. Man kann das sprachliche Teilsystem aber wechseln: dann entstehen jene zahlreichen Formen von Reduktionismus, die die Diskurse um den „menschlichen Geist" charakterisieren. Beispielsweise geschieht dies in naturalistischen Theorien, in denen das mentale Vokabular in ein physikalisches übersetzt werden soll. Oder in „idealistischen" Diskursen, die eine umgekehrte Reduktion versuchen (Berkeley). Wenn Nietzsche Kant sprachkritisch transformiert hat, dann stellt sich die Frage, warum er sich über seine „niaiserie allemande" [119] – „Vermöge eines Vermögens"[120] - so spöttisch äußert. Ist nicht Nietzsches Ersetzung von „Vermögen der Vernunft"

---

[116] vgl. KrV z.B. B73
[117] KrV B25
[118] vgl. JGB 20
[119] JGB 11
[120] Ebd.

durch „Instinkt" [121] ebenfalls ein solcher „virtus dormitiva", aber eben nicht für die „Sinne" („sensus assupire"), sondern für die Vernunft - ratio assupire? Nietzsche belässt es freilich nicht bei den „Instinkten" und postuliert, um das Wirken der Vernunft zu „entlarven", eine unbewusste „Philosophie der Grammatik" [122]. Gemeinsam ist beiden Erklärungsansätzen, die durchaus vereinbar sind, dass sie bewusste Geistestätigkeit auf unbewusste Triebe, angeborene Dispositionen einerseits oder Strukturen – „gleiche grammatische Funktionen"[123] - andererseits zurückführen. Während Kant das „Vermögen" der Vernunft - die Fähigkeit, die Kompetenz, die Disposition zu denken und zu erkennen - explizieren wollte, um die Anwendungsbedingungen und den Geltungsbereich der Vernunft aufzuzeigen, verlangt Nietzsche eine „Erklärung". Kant wollte aber das Vermögen der Vernunft nicht „erklären" („Genese"), sondern die Anwendungsbedingungen und den Anwendungsbereich der Vernunft „rechtfertigen" („Geltung"). Dafür hatte er zum einen „synthetische Urteile a priori" „nötig" [124] - um universelle und notwendige Aussagen zu „ermöglichen" -.

Zum anderen aber die Einschränkung der Verstandes-kategorien auf die Anschauungsformen des Verstandes - um zu verhüten, dass die Urteile über die Erfahrung hinausreichen -.

---

[121] „(...) das meiste bewusste Denken eines Philosophen ist durch seine Instinkte heimlich geführt." JGB 3
[122] JGB 20
[123] Ebd.
[124] JGB 11

Man mag von diesem Unternehmen halten, was man will, eine Erklärung der Vernunft sollte es nicht werden. Nun sieht Nietzsches Vorhaben aber so aus, als ob er den Vernunftgebrauch - durch Reduktion auf eine „primitivere", scheinbar „entgegengesetzte" ontologische Ebene erklären wolle[125]. Im letzten Aphorismus 23 des „Ersten Hauptstücks: von den Vorurteilen der Philosophen" proklamiert er zumindest vordergründig geradezu eine „Entwicklungslehre des Willens zur Macht", deren Methoden die einer „Physio-Psychologie" oder „Psychologie" wären, die er als „Herrin der Wissenschaften anerkannt" wissen wollte, denn „Psychologie ist nunmehr wieder der Weg zu den Grundproblemen." Wenn dem so wäre, dann müsste man Nietzsche *naturalistische und positivistische Ansichten* zuschreiben, aber dagegen sprechen weitere Aspekte seines Werkes. Einerseits zeigt Nietzsches Vorgehen unzweideutig reduktionistische Züge – er will den großen Popanz Metaphysik vom Sockel stoßen -, anderseits verfährt er mit den Wissenschaften ebenso. Daher wäre eine Reduktion Nietzsches auf sein biologistisches Vokabular verfehlt.

Interessanterweise empfiehlt Nietzsche als analytisches Verfahren, jede Philosophie auf die Moral hin zu befragen, die sie rechtfertigt[126]. Das Verhältnis zwischen „Philosophie" (als Gesamtheit der Wissenskonstruktionen) und „Moralität" (als Gesamtheit der Lebensformen) ist für Nietzsche kein klares Abbildungsverhältnis, sondern im

---

[125] Nämlich die Ebene der „Physio-Psychologie". (JGB 23)
[126] JGB 6

Gegenteil die Gesamtheit komplexer, oft inverser Strukturen. Als paradigmatisches Modell dient ihm hier die Sprache - als Werkzeug des Intellektes - deren Funktion er nicht (primär) darin sieht, das Wesen der Wirklichkeit zu erkennen. So sagt er in „Jenseits von Gut und Böse": „man soll sich der 'Ursache', der 'Wirkung' eben nur als reiner *Begriffe* bedienen, das heißt als konventioneller Fiktionen, zum Zweck der Bezeichnung, der Verständigung, *nicht* der Erklärung."[127] Erstens macht er auf den konventionell-fiktionalen Zeichencharakter der Sprache aufmerksam, zweitens handelt es sich um eine kritische Bemerkung, die einen bestimmten *Gebrauch* der Sprache rügt, nämlich deren ontologische Hypostasierung. Die Täuschung durch die Sprache liegt in deren falschem Gebrauch, im Glauben daran, dass sie die Realität abbilde. Der Schluss von den „verba" auf die „res" kann als „linguistischer Fehlschluss" von der Sprache auf die Welt bezeichnet werden. Diese Einsicht bewahrt ihn auch davor, einem plumpen Naturalismus zu verfallen.

---

[127] Er sieht die Sprache indes noch radikaler als Waffe im „Kampf um die Existenz", die vor allem eines hervorbringt: „(...) die Täuschung, das Schmeicheln, Lügen und Trügen (...)." KSA 1, 876

III
Die Moral der Geschichte
Diesseits von Gut und Böse

Nietzsche verstand sein Werk als „Vorspiel" zu einer zukünftigen Philosophie „jenseits von Gut und Böse". Sowohl „Zukunft" als auch die Präposition „jenseits" verweisen beide auf ihre Antonyme „Gegenwart"/ "Vergangenheit" und „diesseits" (von Gut und Böse), die Anwendung auf das „Vorspiel" haben, d.h. das Werk selbst ist als gegenwärtige Improvisation diesseits von „Gut und Böse" zu lesen. „Jenseits" und „Zukunft" haben stark religiös-ideologische Konnotationen: Obwohl „jenseits" im Satz als Präposition mit Genitiv auftritt, ist doch die Zusammenstellung mit „Gut und Böse" angetan, religiös-moralische, speziell jüdisch-christliche Konnotationen beim Leser zu evozieren.

Während „Jenseits" in Opposition zur Welt einen ontologischen Bereich bezeichnet, in dem die Gesetze und Beschränkungen des Lebens aufgehoben sind (Raum, Zeit, Kausalität insbesondere), bezeichnet das Lexem „Zukunft" im ideologischen Kontext des Entwicklungsgedankens und der Idee der Meliorisierung beispielsweise der Aufklärung einen indefiniten Zeitraum der Erfüllung der Anlagen der Vernunft. So spielt der Bezug zur Zukunft bei Kant eine wichtige Rolle, insbesondere in seinen politischen Schriften: „(...) sondern es wird (was man, ohne einen Naturplan vorauszusetzen, nicht mit Grund hoffen kann) eine tröstende Aussicht in die Zukunft eröffnet werden (...)."[128]. „Jenseits" und „Zukunft" sind Bestimmungen der

---

[128] Kant: Idee S. 49

Ferne, der räumlich-zeitlichen Distanz (mit dem Charakter der Offenheit im Fall der Zukunft), zugleich impliziert der Übergang von „diesseits" zu „jenseits" (und vice versa) eine vollständige Trans-formation dessen, was diesen Übergang vollzieht, während der Übergang von „gegenwärtig" zu „zukünftig" (unumkehrbar) lediglich Veränderung, Wandlung, Entwicklung von etwas Gegebenem impliziert.

Insofern besteht eine gewisse Spannung zwischen „Jenseits" und „Zukunft". Wenn man aber die religiös-ideologischen Konnotationen in die Interpretation mit aufnimmt, dann kann Nietzsches Werk als Ankündigung einer grundlegenden Transformation zumindest der *Philosophie* reformuliert werden. Diese Transformation, an die beim Übergang von der „sinnlichen" (zeitlichen) zur „übersinnlichen" (ewigen) Welt beispielsweise im Rahmen des Christentums geglaubt wurde (etwa Joh. 6,51), wird in der Zeit stattfindend für die Zukunft angekündigt. Dabei wird wiederum präsupponiert, dass die bisherige Philosophie diesseits „von Gut und Böse" liege, innerhalb der Grenzen der Wertgegensätze, dass bisheriges Philosophieren dualistisch gewesen sei. Die Über-schreitung der Grenze der Wertgegensätze wird in Beziehung gesetzt zur religiösen Transformation („jenseits"). Es wird bei Nietzsche *ein* bestimmtes historisches Philosophie-Konzept vorausgesetzt und im Kontrast dazu ein neues angekündigt, das nicht im Rahmen der - oder speziell: *dieser* - Wertgegensätze etabliert werden soll. Die Fragen, die sofort auftauchen lauten: „Gut" und „Böse" sind zwar in der Tat Wert-gegensätze, die insbesondere im religiösen und moralischen Sinn interpretiert werden, aber doch auf sehr unterschiedliche Weisen. Ist Nietzsches Präsupposition nicht eine zu starke Vereinfachung? Außerdem: War alle bisherige Philosophie eine Philosophie in den Grenzen von *moralischen* Wertgegensätzen?

Und wenn alle Philosophie ihre Moral habe, wie Nietzsche behauptet, wie wäre dann ein „jenseits von Gut und Böse" denkbar? Möglich ist: Es ist Moral auch denkbar jenseits strikter Oppositionen von Werten. Es ist Moral auch denkbar jenseits der Opposition „Gut" und „Böse", wenn man davon ausgeht, dass diese Prädikate mehr bedeuten als eine Haltung der Bejahung (Zustimmung) oder Verneinung (Ablehnung).

Denn um das „Ja" und „Nein" als Grundformen menschlichen Wertens kommt man nicht herum. Aber weiter gefragt: Welcher Art sind diese Gegensätze? Sind es konträre oder kontradiktorische Gegensätze? Handelt es sich um semantische Oppositionen (Antonyme, direktionale Oppositionen, semantische Komplementaritäten)?

„Gut und Böse" sind ja nur *ein* Gegensatzpaar. Hat es in der Philosophie tatsächlich die Rolle gespielt, die Nietzsche ihm zuschreibt? Ist es das herausragendste Beispiel für ein dualistisches Denken? Und was wäre daran so problematisch, „falsch" oder „schlecht"? Oder kann diese Frage hier nicht mehr so gestellt werden? Vielleicht ist nur der Umstand in den Blick zu nehmen, dass es auch anders gehen könnte? Ist eine Philosophie (ist das Denken oder die Sprache) jenseits der Wertgegensätze aber überhaupt möglich? Und was wären, mit Kant gefragt, die

Bedingungen der Möglichkeit einer Philosophie „jenseits von Gut und Böse"? Und ist sie überhaupt, mit Nietzsche gefragt, „nötig"? Für wen und wozu? Unklar ist nun auch die Bedeutungsebene von „Gut und Böse", der gegenüber ein „Jenseits" intendiert ist, „Gut" und „Böse" in unterschiedlichen philosophie-historischen Kontexten nicht nur unterschiedliche Konnotationen, sondern sogar verschiedene Denotationen aufweisen. Von der semantischen Ebene der Wortbedeutung kann die Ebene der semantischen Beziehungen unterschieden werden, also zum Beispiel Antonymie, Komplementarität, Homonymie etc., so dass sich die Frage stellt, ob eine Philosophie als eine bestimmte Art des Denkens und des Sprachgebrauchs „jenseits" der logisch-semantischen Formen von sprachlichen Gegensätzen und Oppositionen möglich sei?

Hier sei nur an das Sprach-Konzept von *de Saussure* erinnert, der die *langue* als ein System von differentiellen Relationen definiert: die Phonologie, Morphologie, Syntax und Semantik einer jeden Sprache ist die Menge der differentiellen Relationen, die das System erlaubt. Dies Sprachkonzept vorausgesetzt wäre es inkonsistent, ein „Jenseits" der Wertgegensätze zu behaupten. Eine weitere Unterscheidung betrifft die Frage, ob von „res" oder „verba" die Rede sei: Wird von Nietzsche unterstellt, dass es im ontologischen Sinn Wertgegensätze *gibt*, also „böse" und „gute" Handlungen „an sich", denen gegenüber aber weitere Werte-Bereiche behauptet werden (z.B. von ästhetischen, physiologischen Werten), denen ein ontologischer Status zukommt? Oder bezeichnet das Oppositionspaar „Gut und Böse" lediglich die sprachliche Seite unseres Urteilens und Wertens? Unterliegt die sprachliche Kategorie der Wert-Wörter einer sprachlichen Relativität? Die Bedeutung des Prädikates „gut" in Beziehung auf menschliche Handlungen wird zum Beispiel in *Platons* Dialog „Protagoras" diskutiert. Dabei erweist sich als besondere Schwierigkeit, dass schon eine Definition von „gut" problematisch ist, selbst wenn man das Prädikat auf menschliche Handlungen einschränkt.

Die beiden Vorschläge[129] - gut sei das, was nützt oder das, was Lust bereitet, mit den entsprechenden Antonymen „schädlich" einerseits und „unangenehm" andererseits - werden von Sokrates mit dem Argument zurückgewiesen, dass erstens der Sprachgebrauch dagegenspreche, zweitens die Notwendigkeit bestehe, das je Nützliche oder die jeweilige Lust richtig zu erkennen, so dass das „Heil unseres Lebens (...) auch" in der Erkenntnis bestehe. „Gut" ist in erster Linie also eine Qualität an den Sachen selbst; der Mensch ist oder handelt „gut", der dies erkennt und entsprechend handelt. Die Notwendigkeit, auf die Sachen selbst zu sehen, ergibt sich aber erst im Laufe des Dialogs, in dem das Prädikat „gut" als relationales Prädikat - gut für den Menschen - analysiert wird. Der zentrale Satz in diesem Zusammenhang lautet: dass „niemand aus freier Wahl dem Bösen nachgeht", sondern nur unter Zwang. Das Argument lässt sich wie folgt rekonstruieren: Wenn jemand aus freier Wahl wählt, wird er sich immer für das entscheiden, was ihm als das Beste erscheint. Dabei ist er aber im Glauben, dass es das Beste sei. Wenn daher das,

---

[129] Die folgenden Zitate sind entnommen aus: Platon, Prot. 333e ff. bis 358c f.

was als das Beste erscheint, nicht das Beste ist, dann liegt offenbar eine Täuschung vor, ein Irrtum, eine mangelhafte Erkenntnis. „Freie Wahl" impliziert also Erkenntnis des Besseren; oder anders gesagt: wer keine Erkenntnis des je Besseren hat, handelt auch nicht frei. Oder noch deutlicher: „Denn dies ist ja das einzige Schlechthandeln, der Erkenntnis beraubt sein.". Wenn der Mensch keinen Beschränkungen - wie Müdigkeit, Krankheit oder anderen Gebrechen - unterliegt, dann handelt er aufgrund der richtigen Erkenntnisse notwendig gut. Wenn gutes Handeln synonym mit erkenntnis-orientiertem Handeln ist, dann impliziert diese Definition, dass schlechtes Handeln nicht an der Erkenntnis orientiert sei.

Aber laut Definition ist der Betreffende dann auch nicht mehr frei: er kann nicht wählen, denn der Mensch kann nicht *un*wissend sein wollen – das ist die Voraussetzung, die allerdings nach zweihundertfünfzig Jahren Aufklärung als widerlegt gelten kann. Dabei wird expressis verbis gesagt, dass es weder mit der „freien Wahl" noch mit der „Erkenntnis" vereinbar sei, schlecht oder böse zu handeln. Schlechtes oder böses Handeln ist nicht zurechenbar und kann als eine *Krankheit des Verstandes* betrachtet werden, die eines Arztes bedarf, keines Richters. Wer aber nicht „frei" wählt, wählt überhaupt nicht. Platon definiert das Prädikat „gut" bezüglich menschlicher Verhaltensweisen im Protagoras also zunächst als freies, an der Erkenntnis orientiertes Handeln. Das impliziert indes nicht, dass es ein objektiv Gutes als Objekt der Erkenntnis geben müsse, wie Platon später in der *Politea* behaupten wird.

Kant dagegen betrachtet die Sache in seiner „Kritik der praktischen Vernunft" und in seiner Schrift „Über die

Religion innerhalb der Grenzen der bloßen Vernunft" zum Teil anders: Wenn es überhaupt ein moralisch Böses geben könne, *dann müsse es auch zurechenbar* sein, d.h. von einer moralisch bösen Handlung könne man nur dann sprechen, wenn der Handelnde frei sei, sie zu unterlassen und das bessere zu wählen. Andernfalls wäre sie keine Handlung, sondern ein Naturereignis und nur der Naturkausalität unterworfen. Im Fall von Naturereignissen könne man aber nicht von Moralität sprechen.

Das Argument ließe sich folgendermaßen rekonstruieren: Es gibt offenkundig gute und böse Handlungsabsichten und Handlungen bei Menschen. Kant geht also von einem Common-sense-Urteil aus. Moralisch gut oder böse kann aber nur das sein, was nicht der Naturgesetzlichkeit unterworfen ist. Denn moralische Werte implizieren immer ein Sollen, sind also präskriptiv, und sind aus keinem Naturzustand ableitbar. Die Ableitung eines Sollens aus einem Sein hat Hume als Fehlschluss erkannt („No ought from an is."). Also muss - aus rein logischen Gründen - angenommen werden, dass der Mensch teilweise nicht der Natur unterworfen ist. Dies ist der Bereich der Freiheit, in dem der Mensch sich selbst bestimmt. Dies „Vermögen" der Autonomie ist identisch mit dem „Vermögen" der Vernunft. „Vermöge" der Vernunft ist der Mensch frei von Naturzwängen und kann sein Leben selbst bestimmen. Er bestimmt es aber nur dann selbst, wenn er sein Wollen an der Vernunft ausrichtet, denn nur allgemeine Gründe, die aus sicheren Prinzipien ableitbar sind, sind als Gründe des Handelns von dessen Ursachen bzw. Motiven unterscheidbar (Handeln als empirisches Phänomen ist der

Naturgesetzlichkeit unterworfen). Man kann also beobachten, dass Platon und Kant sich grundlegend unterscheiden im Bereich der Prädikation: „gut" kommt als Prädikat bei Platon den Handlungen zu, die auf freier Wahl und richtiger Unterscheidung beruhen (Handlungsfreiheit), während böse oder schlechte Handlungen aus Zwang bzw. eingeschränktem Urteils- und Unterscheidungsvermögen resultieren, also letztlich physischen Ursachen resultieren.

Bei Kant dagegen kommt „gut" als Prädikat nur dem Willen zu, der sich an „vernünftigen" Gründen orientiert, also Gründen, die verallgemeinerbar und logisch konsistent sind (Willensfreiheit), während die bösen Handlungen aus der *freien* Orientierung am Unvernünftigen resultieren. Dies wäre für Platons Sokrates undenkbar gewesen. Es entsteht bei Kant eine Paradoxie, die er nicht aufzulösen vermag und die bei Platon nicht auftritt, wenn er die Freiheit des Willens nicht nur zur Bedingung des „Guten", sondern auch zur Bedingung des „Bösen" macht. Wenn Freiheit des Wollens nur auf der Vernünftigkeit des Willens basiert, der nur aus „guten Gründen" will, dann müsste Kant gute (also konsistente und allgemeine) Gründe für etwas „Böses" postulieren. Wie bei Platon ist die Vernunft - Platon spricht in der Übersetzung von Schleiermacher von „Verstand" bzw. „Erkenntnis" - bei Kant Bedingung der Freiheit: das Handeln aus Gründen und nicht aus Ursachen konstituiert die Freiheit. Nur wer vernünftig ist und denken kann, kann auch wählen und entscheiden und der entscheidet sich entweder dafür, sich für das erkannte Richtige zu entscheiden oder er entscheidet sich dagegen. Aber nur das erkannte Richtige liefert auch die Gründe für das Handeln, so dass die Entscheidung gegen das erkannte Richtige „grundlos" sein müsste. Es müsste also verursacht sein: der Handelnde wäre in seinem Willen nicht frei. So ist es bei Platon.

Bei Kant dagegen habe ich, wenn ich absichtlich Böses tue, gute Gründe dafür. Böse ist aber per definitionem der Wille, der sich nicht von „guten" Gründen leiten lässt. Es ist inkonsistent und unvernünftig, d.h. nicht begründbar, gute Gründe dafür zu haben, gute Gründe nicht zu akzeptieren. Damit der Mensch sich aus Vernunft aber gegen die Vernunft entscheiden kann, muss er sich ihrer frei bedienen können. Das impliziert indes, dass „Freiheit" nicht auf „Vernunft" zurückgeführt werden kann. Die Annahme einer Freiheit, weder durch Ursachen noch aus Gründen wollen und handeln zu können, ist aber rational nicht zu verteidigen. Im „Protagoras" tritt ein anders gelagertes Problem auf: das der Legitimation des Prädikats „gut". Beantwortet wird die Frage, welchen Wert („gut" oder „schlecht") das Erkennen habe[130], durch den Hinweis auf die nachteiligen - schlechten, bösen - Folgen mangelnder Erkenntnis. Dies ist aber eine tautologische Argumentation: das Gute sei deswegen gut, weil es nicht sein Gegenteil (schlecht, böse etc.) sei. Daher muss Platon ein „Gutes an sich" annehmen, das als höchstes Prinzip keiner Begründung mehr bedürftig oder auch nur fähig ist. Offenkundig ist in diesem frühen Platonischen Dialog der semantische Bereich der Erkenntnis identisch mit dem Bereich des Guten. Nietzsche übt Kritik sowohl an Platons

---

[130] „(...) durch deutliche Bezeichnung des Wahren der Seele, welche dann bei der Wahrheit bliebe", Prot. 356e

Hypostasierung eines „Guten an sich" als auch an Kants widersprüchlicher Annahme, dass wir aus Freiheit böse sein können. Wenn wir das Erkenntnisvermögen zur Bedingung unserer Willensfreiheit erklären, um daraus moralische Verantwortung abzuleiten, dann stehen wir tatsächlich vor diesem Dilemma: entweder sind wir für unsere schlechten und bösen Handlungen nicht verantwortlich, wenn wir in Folge mangelnder Erkenntnis unfrei handeln (Platon), oder wir sind für unsere bösen Handlungen verantwortlich, wenn wir uns aus Vernunft und folglich frei für das Böse entscheiden (Kant).

Ein Ausweg aus diesem Dilemma könnte sein, dass wir entweder nur verantwortlich für unsere guten Handlungen wären oder akzeptieren, dass es auch gute Gründe für das – Böse geben kann. Nietzsche schlägt einen anderen Weg ein. Anstatt zu fragen: „Wie können wir unsere Urteile rechtfertigen?", fragt Nietzsche: „Warum urteilen wir so? (Warum) haben wir das nötig?" Die Moralphilosophien von Platon und Kant sind hier von Interesse, da Nietzsche in der Auseinandersetzung mit den beiden „Dogmatikern" zu seiner Position findet. Obwohl bei Platon eine Verdinglichung des Guten zu erkennen ist, gibt er wie Kant nur eine formale Bestimmung, da keine materialen Angaben (wie z.B. die 10 Gebote), auch keine Kriterien für „gute Taten" geliefert werden. Dagegen ist schon im Dialog *Protagoras* der Zusammenhang zwischen „Freiheit", „Erkenntnis", „Wahrheit" und dem „Guten" einerseits und Unfreiheit, mangelnder Erkenntnis, Täuschung und dem „Bösen" erkennbar, wobei freilich nachdrücklich darauf hingewiesen werden muss, dass mit dem „Bösen"[131] nicht das „Böse" im biblischen (jüdisch-christlichen) Sinn gemeint ist, das immer eine Beziehung auf das Lexem „Gott" hat. „Gut" und „böse" sind wertende Prädikate, von denen das deutsche Adjektiv „böse" eindeutig moralisch negativ konnotiert ist, obwohl der Sprachgebrauch hier schwankend ist; man spricht auch von einer "bösen Krankheit" oder einem "bösen Unfall". Dabei kann es sich aber um einen metaphorischen Gebrauch handeln. Neben der moralischen hat „böse" ebenfalls eine religiöse Bedeutung und bezeichnet selbst in den jüdischen und christlichen Traditionen recht unterschiedliche Einstellungen. Im Mittelhochdeutschen streut das Lexem „böse" auch erheblich: „schlimm, schlecht; schädlich; gering, niedrig; unedel; wertlos, erbärmlich; feige; geizig; schwach, krank; verdorben, welk." „Gut" dagegen bezeichnet immer eine Qualität, die das „Optimum" einer Sache, einer Handlung, eines Handlungszieles usw. bezeichnet.

Dabei war und ist es in der Moralphilosophie strittig, ob die „Güte" ein absoluter oder ein relativer Begriff ist, ob also beispielsweise eine Handlung an sich selbst gut (oder schlecht, schädlich, böse...) sei oder nur in Hinblick auf die Interessen und Bedürfnisse von Handelnden[132]. Da aber auch diese Interessen und Bedürfnisse ihrerseits einer Wertung unterliegen können, scheint der relationale Begriff das Problem nur zu verschieben. Das Lexem „Böse" ist dagegen eindeutig (abgesehen vom metaphorischen Gebrauch) als moralisch und als „negativ"

---

[131] Schleiermachers Übersetzung von κακός, φαῦλος, πονηρος, die alle auch die Seme: „unbrauchbar", „krank" und „schädlich" haben.
[132] So argumentiert beispielsweise Protagoras in Prot. 334a-b.

konnotiert: man spricht von einer „bösen Handlung/Tat", einem „bösen Ziel/Zweck" einer Handlung, von einem „bösen Willen", einer „bösen Absicht", gar von einem „bösen Menschen". Dabei ist das seinerseits wertende Prädikat „negativ" in Bezug auf Handlungsmotive, Handlungen und Handlungsfolgen immer als das definiert, was nicht wünschbar und abzulehnen ist. Es zeigt sich also schon in dieser kurzen Problemskizze, dass es schwierig ist, die Prädikate „gut" und „böse" so zu definieren, dass die Definition nicht tautologisch, zirkulär oder dogmatisch wird. Die Verwerfung von Handlungen oder Absichten - also deren Bezeichnung als „böse" oder „schlecht" - legitimiert sich in den Philosophien, in den Religionen und im Recht- und Moralsystem einer Zeit immer über universale Ziele, die der Mensch erreichen solle, oder Zwecke, die seine Bestimmung ausmachen. Strittig in der Moralphilosophie war und ist die Frage, ob diese Werte „objektiv existieren" und nur „erkannt" werden müssen, und daher universale Geltung beanspruchen dürfen, oder ob sie in der kontingenten, relativen Bedürfnisstruktur des Menschen (als Gattungswesen oder als Individuum) verwurzelt sind. Oder in der Sprache Platons: „Denn das eine ist, weil es geliebt wird, ein solches zum Geliebt-Werden, das andere aber, weil es etwas zum Geliebt-Werden, wird eben deshalb geliebt."[133]. Lieben (begehren, wollen, erstreben etc.) wir etwas, weil es liebenswert *ist*, oder *scheint* uns etwas liebenswert, weil wir es lieben (begehren, wollen, erstreben)? Wenn wir annehmen, dass Werte nicht objektiv existieren, dann scheint es, als hätten

---

[133] Euthyphron 11a

wir nur die Alternative, vom Faktum unseres Begehrens, Wollens etc. ausgehen zu können. Dies könnten wir dann höchstens noch erklären, indem wir es auf allgemeine Naturgesetze zurückführen - dies tun beispielsweise Entwicklungspsychologen, Soziobiologen und Evolutions- biologen -, aber wir könnten es nicht fordern und verlangen, weil wir es nicht von einem objektiven Zweck, einer Bestimmung des Menschen ableiten könnten.

Im Hintergrund steht wieder die Einsicht Davids Humes: „No ought from an is." Nietzsche hat durch die Über- nahme der Kategorie des Willens als Grundphänomen des Lebens von Schopenhauer - einer dezidiert meta- physischen Konstruktion -, allerdings ein anderes Instrument zur Hand: Wenn die „Natur" des Lebens selbst eine (komplexe) Willensstruktur - Begehren, Gefühl, Affekt, Trieb, „appetitus" - hat, dann ist *diesem Leben das Sollen eingeschrieben*. So beschreibt Nietzsche in *Jenseits von Gut und Böse* - mit einem ironischen Seitenhieb auf Schopenhauer - dass der „Wille" eine komplexere Struktur habe, als es das Wort „Wille" verrät (hier zeigt sich wieder Nietzsches sprachkritischer Nominalismus), und dass es in dieser komplexen Struktur „Herrschafts-Verhältnisse" gebe, also Verhältnisse der Über- und Unterordnung, der Macht, des Befehlens und Gehorchens zwischen den einzelnen Strukturelementen des „Willens". Dies ist freilich ein Anthropomorphismus, eine allegorische Paraphrase. Die Strukturdynamik, die Nietzsche beschreibt oder besser dramatisch ausgestaltet, klingt in der Sprache der Neurobiologie plausibler.

Aber dies vermutlich nur, weil die neurobiologische Sprache verschleiert, dass sie eine Sprache ist und vortäuscht, die Sachen selbst kämen zu Wort. Der Mensch ist, bei Nietzsche, immer ein Wollender, der seine eigenen Ziele verfolgen muss und dies Müssen als *sein* Sollen erlebt. Dabei wird er nicht von der subjektiven Vernunft getrieben, auch nicht vom objektiven Geist, sondern von seinem menschlichen Leib. Der Sinn des Leben und seiner Geschichte erfüllt sich für den Menschen darin, zum Kern des eignen Wollens vorzustoßen. Das ist nicht unbedingt eine Heilsgeschichte.

IV
Leben trotz Geschichte
1.
Philosophia magistra vitae est

Nietzsche rechtfertigt seine kleine Schrift „Die Philosophie im tragischen Zeitalter der Griechen" mit dem Hinweis, „die Griechen, als die wahrhaft Gesunden, haben ein für alle Mal die Philosophie selbst gerechtfertigt, dadurch dass sie philosophiert haben; und zwar viel mehr als alle anderen Völker."[134] Der Text soll also als Apologie der Philosophie verstanden werden, aber letztere nicht als Vademecum für die „erkrankten Köpfe", sondern als Lebensform, als Kultur des aneignenden, assimilierenden, nicht imitierenden Lernens, wie sie exemplarisch in der „Philosophie des tragischen Zeitalters der Griechen" vorgeführt werde, denn

„...die Griechen (haben, T.K.) durch die Rücksicht auf das Leben, durch ein ideales Lebensbedürfnis ihren an sich unersättlichen Wissenstrieb gebändigt (...) - weil sie das, was sie lernten, sogleich leben wollten."[135]

Ich denke, dass Friedrich Nietzsches Rückbesinnung auf die vorsokratische Philosophie Teil eines kulturphilosophischen Projektes, nämlich das der Überwindung der christlichen Kultur, gewesen ist[136]. Damit begreift er explizit be-

---

[134] KSA 1, S. 805
[135] KSA 1, S. 807
[136] Ich schließe mich dabei der Interpretation an, die Karl Löwith in Sämtliche Schriften, Bd. 4, Von Hegel zu Nietzsche, Stuttgart: Metzler 1988, S. 460, gegeben hat: „Indem Nietzsche die Umwertung, die das Christentum gegenüber

stimmte Formen des philosophisch-metaphysischen Denkens als historische Phänomene, als Typen hegemonialer Traditionen, die man nur „überwinden" kann, wenn man sich abseits dieser Traditionen positioniert und einen Blick von außen auf sie wirft. Ob es Nietzsche wirklich gelungen ist, eine externe Perspektive auf die christliche Kultur zu gewinnen, stelle ich hier dahin, wichtig ist mir nur, hier darzustellen, dass Nietzsche den „Ausstieg" aus der platonisch-christlichen Kultur und Tradition meines Erachtens in Anknüpfung an die historisch frühere Periode der „Philosophie im tragischen Zeitalter der Griechen" versucht hat. Dabei entdeckte er freilich auch Keime des später dominanten Typus von Metaphysik, beispielsweise bei Anaximander, dem die Existenz der Vielheit zu einem „moralischen Phänomen" wird, das „nicht gerechtfertigt" ist, sondern sich „fortwährend durch den Untergang" abbüßt[137] oder bei Parmenides, der die Welt in zwei Sphären trennt, die des Scheins und die des Seins und der im „Streben nach *Gewissheit*" das Denken sich allein auf das ewige Sein richten lässt und darüber das lebendige Werden opfert[138]. Anaxagoras indes, von Hegel als der Entdecker des

---

der heidnischen Welt vollzog, abermals umkehrt, wird ihm das Sündenbewusstsein zum 'größten Ereignis in der Geschichte der kranken Seele' und zum 'verhängnisvollsten Kunstgriff religiöser Interpretation'. Ihr entgegen wollte er dem Dasein seine 'Unschuld' zurückgewinnen und jenseits von Gut und Böse die exzentrisch gewordene Existenz wieder dem natürlichen Kosmos des ewig wiederkehrenden Lebens verbinden. Entwickeln konnte er die 'dionysische' Ansicht des Lebens nur in der polemischen Form einer Kritik des Christentums, dessen Moral er als 'Widernatur' auslegte. Und um diese Kritik *geschichtlich* begründen zu können, hat er den paradoxen Versuch gemacht, auf der Spitze der Modernität die Antike wieder zu holen."

[137] KSA 1, S. 821
[138] KSA 1, S. 845

---

voῦς bezeichnet[139], Anaxagoras, von dem Platon den Sokrates im Dialog „Phaidon" sagen lässt, dass dessen Einführung der alles ordnenden und verursachenden Vernunft ihn mit einer „wunderbaren Hoffnung"[140] erfüllt habe, die er dann freilich enttäuscht sah, weil jener keinen Begriff davon gehabt habe, dass an der Vernunft sich zu orientieren heiße, sich am Besten zu orientieren, Anaxagoras gilt Nietzsche als der Entdecker des „absolut freien Willens", der „nur zwecklos gedacht" werden könne, „ungefähr nach Art des Kinderspieles oder des künstlerischen Spieltriebes."[141] Eben weil er auf jede Art teleologischen Denkens verzichtete und nur kausale Erklärungen als vernünftige gelten lasse, sei er der Vorbereiter der rein kausal-deterministischen Weltbetrachtung, Nietzsche spricht von der „Ordnung und Zweckmäßigkeit der Dinge" als „Resultat einer blind mechanischen Bewegung"[142], die unter dem Aspekt der „Causa finalis" indeterministisch sei. Nietzsche sucht also gezielt nach Aspekten, die seiner eignen damaligen Position zuträglich sind und so setzt er Akzente, die unter anderer Perspektive anders ausgefallen wären. Er durchstöbert sozusagen die Tradition nach Fragmenten, die er dann zu einem nicht „christlich-platonischen", neuen Menschenbild, zu einem neuen Begriff des „Lebens" zusammensetzt.

---

[139] „...dass der Grieche Anaxagoras zuerst gesagt hat, der voῦς, der Verstand überhaupt, oder die Vernunft, regiere die Welt..." G.W.F. Hegel, Vorlesungen über die Philosophie der Geschichte, Reclam Stuttgart 2002, S. 51
[140] Platon, Phaidon 98 b, in: Platon, Sämtliche Werke Bd. 2, Reinbek bei Hamburg, 29. Aufl. 2002
[141] KSA 1, S. 872
[142] KSA 1, S. 872

2.

Philosophieren heißt leben lernen

In seinem Dialog „Phaidon" lässt Platon Sokrates in der Zeit zwischen „dem Urteil und dem Tod"[143] sagen:

„Nämlich diejenigen, die sich auf rechte Art mit der Philosophie befassen, mögen wohl, ohne dass es freilich die anderen merken, nach gar nichts anderem streben als nur zu sterben und tot zu sein."[144]

Nietzsche schreibt 1888 in der „Götzendämmerung":

„Mir selbst ist diese Unehrerbietigkeit, dass die großen Weisen *Niedergangstypen* sind, zuerst gerade in einem Falle aufgegangen, wo ihr am stärksten das gelehrte und ungelehrte Vorurteil entgegensteht: ich erkannte Sokrates und Plato als Verfalls-Symptome, als Werkzeuge der griechischen Auflösung, als pseudogriechisch, als antigriechisch ('Geburt der Tragödie' 1872). Jener consensus sapientum - das begriff ich immer besser - beweist am wenigsten, dass sie recht mit dem hatten, worüber sie übereinstimmten: er beweist vielmehr, dass sie selbst, diese Weisesten, irgend worin *physiologisch* übereinstimmten, um auf gleiche Weise negativ zum Leben zu stehen, - stehen zu *müssen*."[145]

Ein ähnliches Urteil fällt Nietzsche 1873 in seiner kleinen, unveröffentlichten Schrift auch über Parmenides:

---

[143] Platon, Phaidon, 58c, in: Sämtliche Werke, Bd. 2, neu hrsg. v. U. Wolf, Reinbek bei Hamburg, 29. Aufl. 2002
[144] Phaidon 64a
[145] Nietzsche, Götzendämmerung, u.a., 8. Aufl. mit Nachw. V. Walter Gebhard, Stuttgart: Kröner 1990, S.88

„Einem Griechen war es damals möglich, aus der überreichen Wirklichkeit, wie aus einem bloßen gauklerischen Schematismus der Einbildungskräfte zu flüchten - nicht etwa, wie Platon, in das Land der ewigen Ideen, in die Werkstätte des Weltenbildners, um unter den makellosen, unzerbrechlichen Urformen der Dinge das Auge zu weiden - sondern in die starre Todesruhe des kältesten; nichts sagenden Begriffs, des Seins."[146]

Diesem Begriff opfert, so Nietzsche, Parmenides alles, vor allem „alles Werdende Üppige Bunte Blühende Täuschende Reizende Lebendige"[147], kurz, das Leben. Kurioser Weise wird hier Parmenides' negative Einstellung zum Leben gerade in Kontrast zu Platon präsentiert, ganz entgegen der späteren Selbstdarstellung. Wahrscheinlich handelt es sich um ein rhetorisches Verfahren. Aber auch Parmenides' Griechentum[148] wird in Frage gestellt. Das verweist zumindest darauf, dass Nietzsche einen normativen, keinen deskriptiven Begriff vom Griechischen hatte, die idealtypische Konstruktion der exemplarischen Persönlichkeit zugrunde legend, in der Denken, Fühlen, Wollen und Handeln eine Einheit bilden[149]. Das ist vermutlich

---

[146] KSA 1, S. 844

[147] KSA 1, S. 845

[148] Sowohl der Begriff des „Griechischen" als auch der der „Persönlichkeit" ist eine idealtypische Konstruktion, Nietzsche differenziert in den hier zugrunde gelegten Texten erstaunlich wenig; das erhärtet natürlich den Verdacht, dass es sich um einen polemisch-rhetorische Sprachgebrauch handelt.

[149] Das erinnert an Bestimmungen, die Friedrich Schiller bezüglich der naiven Denkart gegeben hat: „Es sind nicht diese Gegenstände (Blumen, Bienen, Steine etc., T.K.), es ist eine durch sie dargestellte Idee, was wir in ihnen lieben. Wir lieben in ihnen das stille schaffende Leben, das ruhige Wirken aus sich selbst, das Dasein nach eignen Gesetzen, die innere Notwendigkeit, die ewige Einheit mit sich selbst. Sie sind, was wir waren; sie sind, was wir wieder werden sollen."

eine Projektion, lässt sich aber im Kontext seines Geschichtsverständnisses zumindest plausibel machen[150]. Hier versuche ich Nietzsches Bemühung nachzuzeichnen, einen positiven Begriff von der Philosophie zu gewinnen, und ich behaupte, dass er ihn gefunden hat, nämlich den Satz:

Philosophieren heißt nicht sterben, sondern leben lernen, es heißt, „dass der Mensch vor allem zu leben lerne"[151].

Nietzsche behauptet diesen Satz aber zunächst nicht gegen die philosophische Tradition, sondern gegen Arthur Schopenhauer, der für den jungen Nietzsche die philosophische Tradition verkörpert. Vor allem aber behauptet Nietzsche diesen Satz gegen die deutsche Kultur seiner Zeit und darüber hinaus gegen die christliche Kultur schlechthin, der er die griechische Kultur entgegensetzt. Als Kern dieser, der griechischen, Kultur behauptet Nietzsche, dass sie, in ihren exemplarischen Persönlichkeiten zumindest, dem Delphischen Orakel-Spruch „Erkenne dich selbst!" gefolgt sei. Als Kern der (gesunden) Persönlichkeit und folglich als Nukleus der (gesunden) Kultur sieht Nietzsche also das philosophische Streben nach Selbsterkenntnis, das er im Sinne der Entdeckung der eignen echten Lebensbedürfnisse interpretiert. Natürlich ist nachgerade das Attribut „gesund" zu vage und zu ambigue, um eine inhaltlich befriedigende (individuelle und

---

F. Schiller, Über naive und sentimentale Dichtung, in: Schillers sämtliche Werke in zwei Bänden, Cottasche Buchhandlung, Stuttgart 1867, Bd. 2, S. 1407

[150] Ich verzichte hier bewusst auf jede Art von Biographismus, der durch die Flut von populärer Nietzsche-Literatur nahegelegt wird und konzentriere mich auf die Texte.

[151] KSA 1, S. 325

kollektive) Kulturkonzeption entwickeln zu können. Aber m. E. entwickelt Nietzsche sein Konzept der Gesundheit in Opposition zum breiten Spektrum der Krankheitssymptome, das er in seinem Werk an der sogenannten abendländischen und natürlich vor allem an der deutschen Kultur seiner Gegenwart diagnostiziert[152]. So vor allem, mehr oder minder systematisch, in "Jenseits von Gut und Böse" und in „Zur Genealogie der Moral"[153]. In seiner „Geburt der Tragödie" behauptet er die Kunst als „eigentliche metaphysische Tätigkeit dieses Lebens"[154]. Wie verhält sich das „Erkenne dich selbst!" zur Kunst? Ist die Lebens-Kunst gemeint, die die Erkenntnis der Lebensbedürfnisse voraussetzt? Ist die Einsicht gemeint, dass alle Lebensentwürfe einen unreduzierbar interpretationistischen oder ästhetischen Charakter haben?[155] Ich habe auf diese Fragen keine Antwort und ich werde ihnen hier auch nicht weiter nachgehen, zumal die epistemische Begrifflichkeit („Einsicht", „Erkenntnis") durch Nietzsches Sprachkritik[156] eher eine interpretationistische - Interpretation nahe zu legen scheint[157], aber die Interpretation von Philosophie

---

[152] Der medizinisch-biologistische Jargon wird von mir in seiner Problematik durchaus gesehen, aber nicht gründlich diskutiert.
[153] KSA 5
[154] KSA 1 S. 24
[155] Alle diese Lesarten, und noch andere, sind rezeptionsgeschichtlich wirksam geworden.
[156] Einschlägig ist hier die frühe Schrift aus dem Nachlass "Über Wahrheit und Lüge im außermoralischen Sinn" in KSA 1 oder "Zur Genealogie der Moral", z.B. Abschnitt 23 und 24, in: KSA 5
[157] So schreibt Hans Lenk in „Interpretation und Realität" über seinen „Entwurf einer Philosophie der Interpretationskonstrukte", dass dieser „sich methodologisch an Nietzsches Interpretationsbegriff anschließt - und an Günter Abels (1984) diesbezügliche Nietzsche-Interpretation -, aber ontologisch von diesem Entwurf, die gesamte Welt als Interpretations„geschehen" aufzufassen,

im Sinne von Lebenskunst nicht ausschließt, im Gegenteil: Philosophieren könnte mit Nietzsche als Kunst verstanden werden, aus dem Chaos immer wieder neue Ordnungen, Formen, „Kosmen" zu entwerfen[158] .

---

distanziert (...)", Hans Lenk, Interpretation und Realität, Frankfurt a. M. 1995, S. 9

[158] Vgl. als möglichen Anschluss Nelson Goodman, Weisen der Welterzeugung, Frankfurt a. M. 1990: „Wenn Welten zudem ebenso sehr geschaffen wir gefunden werden, dann ist auch das Erkennen ebenso sehr ein Neuschaffen wie ein Berichten. Alle Prozesse der Welterzeugung, die ich erörtert habe, sind Teil des Erkennens(...)", S. 37 und der gesamte konstruktivistische Diskurs, z.B. dokumentiert in: Der Diskurs des Radikalen Konstruktivismus, hrsg. v. Siegfried J. Schmidt, Frankfurt a. M. 1984.

3.

Für eine neue Kultur des Lebens

Die Lektüre von „Die Philosophie im tragischen Zeitalter der Griechen" führt über Schlüsselbegriffe wie „Spiel"[159], „Künstler"[160], „ästhetischer Mensch"[161], „Kultur"[162] ins Herz von Nietzsches Philosophie. Es zeigt sich, dass seine Aneignung der Vorsokratiker weniger durch seine Profession als Altphilologe als vielmehr durch seine Lektüre von Arthur Schopenhauers „Die Welt als Wille und Vorstellung"[163] beeinflusst und von dem Ziel geprägt ist, Schopenhauers vernichtende moralische Taxierung des Lebens zu überwinden[164]. Nietzsches Gang durch die Galerie der ersten Philosophen erfolgt deshalb auch hoch selektiv unter der impliziten Fragestellung, welcher der frühen Pioniere der Metaphysik ihm bei der Rehabilitierung des Werdens zur Seite stehen könne. Er findet zwei Philosophen, Heraklit und Anaxagoras, denen er die Einsicht zuschreibt: „das Werden ist kein moralisches, sondern nur ein künstlerisches Phänomen."[165] Dagegen wendet er sich

---

[159] KSA 1, S. 830
[160] KSA 1, S. 830
[161] KSA 1, S. 831
[162] KSA 1. S. 812: „Eine Zeit, die an der sogenannten allgemeinen Bildung leidet, aber keine Kultur und in ihrem Leben keine Einheit des Stils hat, wird mit der Philosophie nichts Rechtes anzufangen wissen..."
[163] Alle Zitate nach: Arthur Schopenhauer, Die Welt als Wille und Vorstellung, hrsg. von Ludger Lütkehaus, Gesamtausgabe dtv München 1998
[164] Dabei ist Nietzsches Konzeption der Philosophie doch weitestgehend von Schopenhauer abhängig, was die Willens-Metaphysik, die zentrale Rolle der Ästhetik, die philosophische Psychologie u.a., aber vor allem auch was Haltung und Stil des Denkens und Schreibens betrifft.
[165] KSA 1, S. 869

entschieden und scharf gegen Parmenides, der das lebendige Werden seinem abstrakten, blutleeren „Sein" opfert[166]. Nietzsches Rezeption der Vorsokratik aus „zweiter oder dritter Hand"[167], wie es die Herausgeber der Kritischen Studienausgabe, Giorgio Colli und Mazzino Montinari, im Nachwort zu Band 1 monieren, wird dabei von mir nicht als philologische Nachlässigkeit gewertet, sondern als Konsequenz seiner Position, die er in „Vom Nutzen und Nachteil der Historie für das Leben"[168] dargestellt hat. Der Zusammenhang zwischen beiden Schriften wird an einer Stelle besonders sinnfällig, ist aber überall zu erkennen: Heraklit „sprach mit Geringschätzung von solchen fragenden sammelnden, kurz 'historischen' Menschen. 'Mich selbst suchte und erforschte ich"[169]. Nietzsches kleine nachgelassene, zur Veröffentlichung bestimmte Schrift „Die Philosophie im tragischen Zeitalter der Griechen"[170] erweist sich als wichtiges Beispiel einer kritischen Aneignung der Überlieferung - nicht im Sinne historischer Textkritik, sondern im Sinne des für die aktuelle Lebensproblematik Verwertbaren. Diese kleine Schrift steht im Umkreis von Nietzsches erster, in Fachkreisen nicht gut aufgenommener Publikation „Die Geburt der Tragödie aus dem Geist der Musik"[171] von 1872 , deren Kernsatz von der Kunst als „der eigentlich metaphysischen Tätigkeit dieses Lebens"[172] schon im Vorwort an den damals noch

---

[166] KSA 1, S. 836-851
[167] KSA 1, S. 917
[168] KSA 1
[169] KSA 1, S. 835
[170] KSA 1
[171] KSA 1
[172] KSA 1, S. 24

verehrten Richard Wagner genannt wird. Wird in dieser Schrift die metaphysische Dimension der Kunst proklamiert, so wird in der kleinen Schrift über die Vorsokratik der ästhetische Charakter der Philosophie, bevor sie durch Sokrates' Abwendung von der Naturphilosophie eine moralische Wende erfahren hat, herausgestellt. Entgegen dem Trend der Gründerjahre des 2. Deutschen Reiches unter Kaiser Wilhelm I., dem verhassten Hohenzollern, zu einer unglücklichen Verquickung von „Real-Politik" und Nationalismus, strebt Nietzsche Anfang der 70er Jahre des 19. Jahrhunderts nach einer kulturpolitischen Fundierung im Zeichen der Ästhetisierung des Lebens, die zugleich als höchste Form der Erkenntnis betrachtet wird. Dabei impliziert die Kategorie des Ästhetischen die Rehabilitierung der Wahrnehmung, der Körperlichkeit und des „irrationaler Willkür"[173] gehorchenden Schöpferischen. Nietzsche wendet sich zunächst sowohl gegen die „Realpolitik"[174] der Gründerjahre, als auch gegen den Historismus, gegen die ausschließliche „Objektivität" der antiquarischen Geschichtsbetrachtung. Wird diese zum alleinigen Fundament einer Kultur, so Nietzsche, wird „(...) die Übersättigung einer Zeit in Historie dem Leben feindlich und gefährlich (...): durch ein solches Übermaß wird jener bisher

---

[173] KSA 1, S. 869

[174] Vgl. Julian Schmidt, Graf Bismarck (1871), in: Theorie des bürgerlichen Realismus, hrsg. v. Gerhard Plumpe, Reclam, Stuttgart 2005, S. 59: „Bismarcks Äußerung, dass Deutschlands Einheit nur durch Blut und Eisen begründet werden könne, war ebenso vollberechtigt, als wenn jener Maurermeister dem Moralisten erklärt hätte, ein Haus könne nur mit Holz, Eisen und Steinen aufgerichtet werden. Dass fest bestehende Staaten nur durch Gewalt geeinigt werden können, war der einfache Ausdruck eines Naturgesetzes."

besprochene Kontrast von innerlich und äußerlich erzeugt und dadurch die Persönlichkeit geschwächt; durch dieses Übermaß gerät eine Zeit in die Einbildung, dass sie die seltenste Tugend, die Gerechtigkeit, in höherem Grade besitze als jede andere Zeit; durch dieses Übermaß werden die Instinkte des Volkes gestört und der Einzelne nicht minder als das Ganze am Reifwerden verhindert; durch dieses Übermaß wird der jederzeit schädliche Glaube an das Alter der Menschheit, der Glaube, Spätling und Epigone zu sein, gepflanzt; durch dieses Übermaß gerät eine Zeit in die gefährliche Stimmung der Ironie über sich selbst und aus ihr in die noch gefährlichere des Zynismus': in dieser aber reift sie immer mehr einer klugen egoistischen Praxis entgegen, durch welche die Lebenskräfte gelähmt und zuletzt zerstört werden."[175] In einer solch zynischen, klug-egoistischen Kultur des Überdrusses leidet der „große produktive Geist"[176], denn er lebt in einer kommunikativen Wüste[177], Innerlichkeit und Äußerlichkeit sind zerrissen, es bleibt ihm nur "(...) ein Bedürfnis zu pflanzen: und aus dem starken Bedürfnis wird einmal die starke Tat entstehen."[178] Es ist das Bedürfnis, „jene höhere Einheit in der Natur und Seele eines Volkes"[179] erlangen zu wollen, das der produktive Geist pflanzen will. Daher wendet

---

[175] KSA 1. S. 279

[176] KSA 1, S. 277

[177] Vgl. das in Nietzsches Lyrik und im Zarathustra wiederkehrende Motiv der Wüste, z.B. in „Vereinsamt": „...Die Welt - ein Tor/ zu tausend Wüsten stumm und kalt!", aus: Nietzsche, Götzendämmerung u.a., hrsg. v. W. Gebhard, Stuttgart: Kröner 1990, S. 479

[178] KSA 1, S. 278

[179] KSA 1, S. 278

Nietzsche sich gegen den Historismus, der eben dies Bedürfnis zerstört. Aber die Wendung gegen die „Real-Politik" der Bismarck'schen Reichsgründungspolitik folgt sogleich auf den Fuß, womit deutlich wird, dass Nietzsche etwas ganz anderes im Sinn hatte als die politische Einigung mit „Blut und Eisen" der Deutschen.[180] Das Projekt ist explizit als Entmoralisierung angelegt, aber nur, um für eine neue, lebensbejahende Moral Platz zu bekommen. Die Ästhetik soll für die Einheit der Gegensätze zwischen „Genauigkeit und Seele" (Musil), die Aufhebung des Dualismus zwischen Sein und Schein, zwischen Anpassung und Selbstsein sorgen. Die Ästhetik wird von Nietzsche als Gegenpol zur Moral (im Sinne einer Gebots- und Regelorientierung, einer reglementierenden, repressiven Moral, im obigen Zitat schwächer als „Konvention" bezeichnet) aufgefasst, die nicht in den Bereich der Erkenntnis gehört und die gerade den Gegensatz von Inhalt und Form impliziert. Da Nietzsche (wenn auch nicht mehr ganz) im Bann der Philosophie Schopenhauers stand, waren für ihn Leben und Denken, Handeln und Erkennen (noch) theoretisch-begrifflich unüberbrückbar getrennt, gerade auch unter der Perspektive des Glücks (im Sinne der Eudaimonia). Aber obwohl Nietzsche noch mit den kategorialen Dualismen des Platonikers und Kantianers Schopenhauer [181]

---

[180] „...so soll hier ausdrücklich mein Zeugnis stehen, dass es die deutsche Einheit in jenem höchsten Sinne ist, die wir erstreben und heißer erstreben als die politische Wiedervereinigung, die Einheit des deutschen Geistes und Lebens nach der Vernichtung des Gegensatzes von Form und Inhalt, von Innerlichkeit und Konvention." Ebd.
[181] Schopenhauer wendet sich zwar in entscheidenden Punkten der Ontologie und Möglichkeit von Metaphysik gegen Kant, aber in der Ästhetik folgt er ihm doch über weite Strecken.

ringt, besteht das Ziel seiner frühen philosophischen Versuche doch darin, genau diesen Hiatus zwischen Leben und Denken, Erkennen und Sein[182] zu überwinden. In diesem Schisma sieht er ja geradezu das Problem des „modernen Menschen", dessen „historische Jugenderziehung" verhindere, „dass der Mensch vor allem zu leben lerne (...)"[183] In seiner Behandlung der Vorsokratiker aber zeigt sich bei Nietzsche m. E. noch massiv der Einfluss Schopenhauers, vor allem von dessen Konzeption der ästhetischen Erkenntnis. So fragt Schopenhauer: „Welche Erkenntnisart nun aber betrachtet jenes außer und unabhängig von aller Relation bestehende, allein eigentlich Wesentliche der Welt, den wahren Gehalt ihrer Erscheinungen, das keinem Wechsel unterworfene und daher für alle Zeit mit gleicher Wahrheit Erkannte, mit einem Wort, die IDEEN, welche die unmittelbare und adäquate Objektivität des Dinges an sich, des Willens, sind?" und er antwortet: „Es ist die Kunst, das Werk des Genius. Sie wiederholt die durch reine Kontemplation aufgefassten ewigen

---

[182] KSA 1, S. 846, das traditionelle (Parmenideisch-Platonische) Begriffspaar Erkenntnis und Sein - die Erkenntnis ist auf das Sein (nicht auf das Werden) gerichtet, erfährt durch Nietzsche eine „pragmatische" Interpretation: er ersetzt „Sein" durch „Leben", interpretiert „Leben" als selektiv, interpretierend, perspektivisch, interessiert etc. und bindet „Erkennen" als Aspekt von Leben an dieses zurück, so dass eben die Kategorien „Wirklichkeit", „Wahrheit", „Bedeutung", „Objektivität" etc. ihre Hegemonie verlieren. Er verfährt dabei gewissermaßen dekonstruktivistisch, indem er das marginalisierte, ausgeschlossene Oppositionsglied der binären Begriffswelten dominant setzt: statt „Wirklichkeit" „Schein", statt „Wahrheit" „Illusion", statt „Bedeutung" „Interpretation", statt „Objektivität" „Perspektive" etc. Es werden scheinbar nur die Positionen getauscht, wodurch bisweilen ein paradoxer Eindruck entsteht.
[183] KSA 1, S. 325

Ideen, das Wesentliche und Bleibende aller Erscheinungen der Welt."[184] Die dadurch gewonnene „Seligkeit des willenlosen Anschauens"[185] durch das Genie „als REIN ERKENNENDES SUBJEKT, KLARES WELTAUGE ...."[186] steht über dem Glück und Unglück der Welt, auch des eignen Lebens, sie ist ein flüchtiger Vorgeschmack auf die endgültige Verneinung des Willens zum Leben. Die ästhetische Existenz als eine Vita contemplativa, die fern vom Strudel und Wahn der Vita activa die ewige Wahrheit schaut - dies ungefähr ist das Bild, das Schopenhauer vom künstlerischen Genie (im Gegensatz zur „Fabrikware der Natur"[187]) und das Nietzsche quasi panegyrisch von Heraklit, allerdings mit einer einschneidenden Veränderung, zeichnet.[188]. Die beträchtliche Einschränkung und Neubewertung der Schopenhauer'schen Position, die auch richtungsweisend für die Entwicklung seiner späteren Philosophie („Wille zur Macht", „Übermensch", „Ewige Wiederkehr des Gleichen."[189]) werden sollte, besteht darin, dass er das „Nein!", das Schopenhauer vor den Willen zum Leben setzte, ausradierte und durch ein dithyrambisches „Ja!" ersetzte. Für Nietzsche ist der innere Blick auch nicht

---

184 Schopenhauer, a.a.O. S. 251 f.

185 ders., a.a.O. S. 268, vergl. Kants Definition von „Geschmack ist das Beurteilungsvermögen eines Gegenstandes oder einer Vorstellungsart durch ein Wohlgefallen, oder Missfallen, ohne alles Interesse. Der Gegenstand eines solchen Wohlgefallens heißt schön." Kritik der Urteilskraft, hrsg. von Wilhelm Weischedel, Suhrkamp, Frank. a.M. 1974, S. 174

186 ders., a.a.O. S. 253; Majuskeln von Schopenhauer

187 ders., a.a.O. S. 255

188 KSA 1, S. 830 ff.

189 Diese Konzepte sind bei Nietzsche in der Tat nachweisbar, obwohl die verderbliche Herausgebertätigkeit von Nietzsches Schwester, Elisabeth Nietzsche-Förster, zu vielen Fehlinterpretationen Anlass gegeben hat.

auf die ewigen Ideen gerichtet, sondern auf die Totalität des Lebens und der Welt in der sinnlichen Anschauung, die Spontaneität und Rezeptivität zugleich und daher nicht nur kontemplativ (rezeptiv), sondern eben auch aktiv (spontan)[190] ist. Der „tiefere" argumentationslogische Zusammenhang der kleinen Schrift über die Vorsokratiker mit Nietzsches Auseinandersetzung mit Schopenhauer, Wagner, Sokrates, Platon und den hebräisch-christlichen Quellen der europäischen Kultur (was eben mehr umfasst als nur das, was Juden, Katholiken und Protestanten usw. bezüglich der „letzten Dinge" glauben oder welche Moral gepredigt wird) lässt sich daran aufweisen, dass Nietzsche konsequent für „Alles Werdende Üppige Bunte Blühende Täuschende Reizende Lebendige..." [191] und gegen jede „doppelte Weltordnung"[192] argumentiert, in der das Werden gegenüber dem Sein negativ stigmatisiert wird: als „Täuschung, Lüge, Phantasma"[193]

---

[190] Diese wichtige Einsicht Kants wird in Schopenhauers Ästhetik eigentümlicherweise ausgeblendet. Als wichtigste Belegstelle sei pars pro toto zitiert: „Gedanken ohne Inhalt sind leer, Anschauungen ohne Begriffe sind blind." Wobei „Gedanken" durch die „Spontaneität der Begriffe" und „Anschauungen" durch die „Rezeptivität der Eindrücke" zustande kommen. Kant, Kritik der reinen Vernunft, hrsg. v. Ingeborg Heidemann, Reclam Stuttgart 1990, S. 119f.
[191] KSA 1. S 845
[192] KSA 1, S. 837
[193] KSA 1, S. 848

4.

Die Rolle der Tradition

Die „Unzeitgemäße Betrachtung(en). Zweites Stück: Vom Nutzen und Nachteil der Historie für das Leben"[194] unterscheidet drei fundamentale Arten der Geschichtsbetrachtung[195]: „...sofern es erlaubt ist, eine monumentalische, eine antiquarische und eine kritische Art der Historie zu unterscheiden."[196] Nietzsche weist jeder Betrachtungsart ihr Recht in den entsprechenden Lebenszusammenhängen zu:

„Jede der drei Arten von Historie, die es gibt, ist nur gerade auf einem Boden und unter einem Klima in ihrem Rechte: auf jedem anderen wächst sie zum verwüstenden Unkraut heran. Wenn der Mensch, der Großes schaffen will, überhaupt die Vergangenheit braucht, so bemächtigt er sich ihrer vermittelst der monumentalischen Historie; wer dagegen im Gewohnten und Altverehrten beharren mag, pflegt das Vergangene als antiquarischer Historiker; und nur der, dem eine gegenwärtige Not die Brust beklemmt und der um jeden Preis die Last von sich abwerfen will, hat ein Bedürfnis zur kritischen, das heißt richtenden und verurteilenden Historie. Von dem gedankenlosen Verpflanzen der Gewächse rührt manches Unheil her: der

---

[194] KSA 1
[195] Vgl. dagegen Hegels Taxonomie in „Vorlesungen über die Philosophie der Geschichte", Stuttgart 1961, S. 39-48; Hegel unterscheidet a) die ursprüngliche Geschichte, b) die reflektierte Geschichte (allgemeine, pragmatische, kritische, Begriffsgeschichte), c) die philosophische Geschichte.
[196] KSA 1, S. 258

Kritiker ohne Not, der Antiquar ohne Pietät, der Kenner des Großen ohne das Können des Großen..."[197]

Der exzessive Gebrauch naturkundlicher Metaphern – „Boden", „Klima", „Verpflanzung", „Gewächse" - dient nicht nur der Veranschaulichung abstrakter Zusammenhänge, sondern verweist auf Nietzsches Begriff des Lebens und des Leibes:

„Es ist entscheidend über das Los von Volk und Menschheit, dass man die Kultur an der r e c h t e n Stelle beginnt - n i c h t an der 'Seele' (wie es der verhängnisvolle Aberglaube der Priester und Halb-Priester war): die rechte Stelle ist der Leib, die Gebärde, die Diät, die Physiologie, der R e s t folgt daraus... Die Griechen bleiben deshalb das e r s t e   K u l t u r - E r e i g n i s der Geschichte - sie wussten, sie t a t e n was not tat; das Christentum, das den Leib verachtete, war bisher das größte Unglück der Menschheit. -"[198]

Der „Rest", der aus der „Physiologie" folgt, ist eben die Kultur. Folgerichtig werden Kulturphänomene - zu denen Nietzsche letztlich alles Menschliche zählt: Kunst, Technik, Philosophie, Erotik, Moral, Politik, Wissenschaft, Gesellschaft, Sprache, usw. - in Begriffen ihrer physiologischen Wertigkeit beschrieben: am häufigsten werden die Oppositionen gesund vs. krank und stark vs. schwach verwendet. In seinen späteren Schriften, aber schon seit der

[197] KSA 1, S. 264 f.

[198] Nietzsche, Götzendämmerung, Abschnitt 47, in: Friedrich Nietzsche, Götzendämmerung. Wagner-Schriften u.a., 8. Aufl. mit Nachwort von Walter Gebhard, Stuttgart: Kröner 1990

„Fröhlichen Wissenschaft", verwendet Nietzsche den Le-
bensbegriff unter der Beschreibung des „Willens zur
Macht", dessen Identifizierung mit Schopenhauers „Willen zum Leben" nominal zwar vollzogen wird[199] , so dass
Nietzsche sagen kann, der „Wille zum Leben" *sei* „Wille
zur Macht", aber diese definitorische Identifikation impliziert eine Neuinterpretation, denn die Lebensphänomene
werden nun unter Aspekten von „Übergewicht", „Wachstum", „Ausbreitung", „Macht"[200] interpretierbar. Die
Probleme, die sich aus Nietzsches Metaphysik-Kritik für
das metaphysische Konzept des „Willens zur Macht" ergeben, sollen hier freilich nicht diskutiert werden[201]. Eine
Kultur wie die deutsche des 2. Kaiserreiches, die die monumentalische und antiquarische Historie über die Lebensbedürfnisse der Gegenwart stellt und sich an einer
vergangenen Kultur orientiert, ohne sie eigenständig, produktiv und innovativ mit Leben zu erfüllen, eine Kultur,
der die „(...) plastische Kraft (...)" fehlt, „(...) Vergangenes
und Fremdes umzubilden und einzuverleiben (...)"[202], sei
im Grunde, so Nietzsche, dem Untergang geweiht, denn:
„die Geschichte wird nur von starken Persönlichkeiten ertragen, die schwachen löscht sie vollends aus."[203]. Kriterium für eine gesunde Kultur ist nach Nietzsche „die Ein-

---

[199] Nietzsche, Die fröhliche Wissenschaft, Abschnitt 349
[200] ebd.
[201] Vgl. Tilman Borsche, Leben des Begriffs nach Hegel und Nietzsches Begriff des Lebens, in: Orientierung in Zeichen, hrsg. von Josef Simon, Frankfurt a.M. 1997, S. 259 f.
[202] KSA 1, S. 251
[203] KSA 1, S. 283, bei Nietzsche Sperrdruck

heit des künstlerischen Stils in allen Lebensäußerungen eines Volkes."[204], die „Einhelligkeit zwischen Leben, Denken, Scheinen und Wollen."[205]. Nietzsche sieht nun gerade in der griechischen Kultur das Paradigma einer solcherart „gesunden" Kultur. Hier, in der Herausbildung von Nietzsches Konzept der antiken Kultur, verschränken sich auf eigentümliche Weise die monumentalische und die kritische Historie und entlarven die Usurpation der griechischen Antike durch den deutschen Klassizismus und Neo-Klassizismus als Krankheitssymptom, Winckelmanns Blick auf die Griechen als Zerrblick, denn :

„Dass die großen Momente im Kampfe der Einzelnen eine Kette bilden, dass in ihnen ein Höhenzug der Menschheit durch Jahrtausende hin sich verbinde, dass für mich (sic!) das Höchst eines solchen längst vergangenen Momentes noch lebendig, hell und groß sei - das ist der Grundgedanke im Glauben an die Humanität, der sich in der Forderung einer monumentalischen Historie ausspricht."[206]

Diese Forderung ist aber die Forderung der starken, großen, machtvollen Persönlichkeit, des exemplarischen Menschen, der die Kraft hat, die Geschichte zu ertragen, aber auch die Kraft, den „historischen Sinn" zu bändigen[207], d.h. der Herr über sein Gedächtnis ist, Herr über sich selbst, über die Geschichte, die Gegenwart und als „Baumeister" auch über die Zukunft[208] . Nietzsche sieht

---

[204] KSA 1, S. 274
[205] KSA 1, S. 334
[206] KSA 1, S. 259
[207] KSA 1, S. 295
[208] KSA 1, S. 294

also in der Stillosigkeit, im Eklektizismus, im neo-klassizistischen Pomp Zeichen des Verfalls, der Dekadenz, eine „historische Krankheit"[209], der er den lebendigen Gehalt der antiken Kultur gegenüberstellt: „Und trotzdem wurde die hellenische Kultur kein Aggregat (wie die deutsche, T.K.), Dank jenem apollinischen Spruche. Die Griechen lernten allmählich, d a s C h a o s z u o r g a n i s i r e n, dadurch dass sie sich, nach der delphischen Lehre, auf sich selbst, das heißt auf ihre echten Bedürfnisse zurück besannen und die Schein-Bedürfnisse absterben ließen."[210]

Daraus leitet Nietzsche nun einen - durchaus doppelsinnigen - Appell an „jeden Einzelnen von uns" ab: „er muss das Chaos in sich organisieren, dadurch dass er sich auf seine echten Bedürfnisse zurückbesinnt."[211] Doppelsinnig ist die Formulierung „jeder Einzelne von uns", denn die Allquantifizierung „jeder" wird erheblich durch den Skopus „von uns" eingeschränkt. Es ist offenkundig, dass nur die starke Persönlichkeit dem „schweren Spruch"[212] „Erkenne dich selbst." folgen kann. Nietzsche sieht also im delphischen Orakel-Spruch den Keim des grandiosen Stils der hellenischen Kultur und damit in der Philosophie, die mithin zum Probierstein der Qualität „jedes Einzelnen von uns" wird. An dieser Stelle gesellt sich zur monumentalischen Historie die kritische, denn die Rückbesinnung auf die "hellenische Kultur" ist zugleich Rückbesinnung „jedes Einzelnen von uns" auf sich selbst, auf seine „echten Bedürfnisse.".

---

[209] KSA 1, S. 329, bei N. Sperrdruck
[210] KSA 1, S. 333
[211] KSA 1, S. 333
[212] KSA 1, S. 333

Und „Historie zum Zwecke des L e b e n s zu treiben"[213] heißt für Nietzsche eben in der kulturellen Wüste der „deutschen Bildung", dass ihm „eine gegenwärtige Not die Brust beklemmt". Die „hellenische Kultur" gilt Nietzsche als exemplarisch, weil sie eben keine „historische" Kultur gewesen ist, sondern eine vitale, lebendige, kraftvolle, eigenständige, die die Virilität besaß, sich alles Vergangene und Fremde zu assimilieren und mit großem Stil zu handeln. Der Nukleus, das „Bildungszentrum" dieser, ja nach Nietzsche jeder, Kultur ist die Erkenntnis der eignen Lebensbedürfnisse, daher kommt der Philosophie die herausragende Rolle bei der Bildung der (großen, starken, gelungenen, intakten) Persönlichkeit zu. Zugleich aber ist die Philosophie der Gradmesser jeder Persönlichkeit, denn wenn die Philosophie „je rettend, helfend, vorschützend sich äußerte, dann war es bei Gesunden, die Kranken machte sie stets noch kränker."[214] Dass man aber „den erkrankten Köpfen der Deutschen die Metaphysik widerraten"[215] müsse, sei kein Einwand gegen die Metaphysik, sondern gegen die Deutschen, denn

„die Griechen, als die wahrhaft Gesunden, haben ein für alle Male die Philosophie selbst g e r e c h t f e r t i g t, dadurch dass sie philosophiert haben (...)"[216].

Vorbildlich an der exemplarischen griechischen Persönlichkeit sind also nicht ihre spezifische Kunst, Kultur und

---

[213] KSA 1, S. 257
[214] KSA 1, S. 804
[215] KSA 1, S. 804
[216] KSA 1, S. 805

Kosmogonien, sondern ist ihr Wille, sich selbst zu erkennen, das werden zu wollen, was sie ist. In dieser Vorbildfunktion verweist die griechische, vor-platonische Philosophie, so Nietzsche, jeden auf sich selbst, auf seine Aufgabe der Selbsterkenntnis und Selbst-Bildung, „damit aus dem Chaos ein Kosmos werde"[217]. Die Vergegenwärtigung des Ursprungs der Philosophie bei den ionischen Naturphilosophen und vor allem bei Heraklit von Ephesos (und ihr Verfall schon bei den Eleaten) sei gerade deshalb von solcher Tragweite, weil es im 6. vorchristlichen Jahrhundert noch keine philosophischen Vorbilder gegeben habe:

„Es fehlt für sie jede Konvention, weil es damals keinen Philosophen- und Gelehrtenstand gab. Sie alle sind in großartiger Einsamkeit als die einzigen, die damals nur der Erkenntnis' lebten."[218]

Kosmogonien, Theogonien, Anthropogonien hat es zur Zeit der Vorsokratiker in allen bekannten Kulturkreisen gegeben. In der von Karl Jaspers so genannten „Achsenzeit" im 6./5. vorchristlichen Jahrhundert explodierten, kann man fast sagen, in Indien, im Alten Orient, in China und in Vorderasien religiöse und metaphysische spekulative Systeme. Nietzsche sieht die Originalität der Vorsokratiker nicht darin, die Philosophie erfunden oder sie schon auf ein hohes Niveau gehoben zu haben, sondern vor allem in ihrer Fähigkeit zum *Lernen*:

---

[217] KSA 1, S. 864
[218] KSA 1, S. 807

„Nichts ist törichter als den Griechen eine autochthone Bildung nachzusagen, sie haben vielmehr alle bei anderen Völkern lebende Bildung in sich eingesogen, sie kamen gerade deshalb so weit, weil sie es verstanden, den Speer von dort weiter zu schleudern, wo ihn ein anderes Volk liegen ließ. Sie sind bewunderungswürdig in der Kunst, fruchtbar zu lernen: und so, wie sie, s o l l e n wir von unseren Nachbarn lernen, zum Leben, nicht zum gelehrtenhaften Erkennen, alles Erlernte als Stütze benutzend, auf der man sich hoch und höher als der Nachbar schwingt.. Die Frage nach den Anfängen der Philosophie sind ganz gleichgültig, denn überall ist im Anfang das Rohe, Ungeformte, Leere und Hässliche." Aber „die Griechen (haben, T.K.) durch die Rücksicht auf das Leben, durch ein ideales Lebensbedürfnis ihren an sich unersättlichen Wissenstrieb gebändigt (...)"[219]

Diese Stelle aus „Die Philosophie im tragischen Zeitalter der Griechen" korrespondiert mit einer anderen aus „Vom Nutzen und Nachteil der Historie für das Leben":

„Es gab Jahrhunderte, in denen die Griechen in einer ähnlichen Gefahr sich befanden, in der wir uns befinden, nämlich an der Überschwemmung durch das Fremde und Vergangene, an der 'Historie' zu Grunde zu gehen. Niemals haben sie in stolzer Unberührtheit gelebt: ihre 'Bildung' war vielmehr lange Zeit ein Chaos von ausländischen, semitischen, babylonischen, lydischen ägyptischen Formen und Begriffen und ihre Religion ein wahrer Götterkampf des ganzen Orients: ähnlich etwa wie jetzt die 'deutsche Bildung' und Religion ein in sich kämpfendes Chaos des

---

[219] KSA 1, S. 807

gesamten Auslandes, der gesamten Vorzeit ist. (...) Die Griechen lernten allmählich das *Chaos zu organisieren* (...)"[220]

Zu Lernen heißt also im Dienst des eignen Lebens zu lernen, die Potenz des eignen Handlungsspielraumes zu erweitern und zu steigern, die Lebenschancen zu mehren, und das impliziert, das Chaos der Eindrücke organisieren, gestalten, produktiv umsetzen zu können, Form und Inhalt simultan zu entwickeln. Diese Fähigkeit setzt nicht nur die Empfänglichkeit für fremde oder fremd gewordene Eindrücke voraus, sondern auch die Autonomie, die Selbstherrschaft, die Selbstbeherrschung, damit diese Eindrücke den eignen Zielen gemäß ihre Struktur und Funktion erhalten. Es kommt also auf die Art des Lernens an, hier wird nicht nur die Fähigkeit zur organisierenden und kombinierenden Assimilation von "Wissen", sondern auch die Fähigkeit zur Selektion, zur Auswahl, zur Evaluation notwendig, und zwar unter der konsequenten Berücksichtigung der eignen Lebensbedürfnisse. Ziel ist der souveräne Umgang mit Zeiten und Räumen, Stoffen und Perspektiven, der spielerische und künstlerische, d.h. nicht moralisch-normative, Umgang vor allem auch mit sich selbst, aber nicht aus Laune, Unverbindlichkeit und Überdruss, sondern aus existentieller Notwendigkeit. Zu lernen heißt also in letzter Konsequenz, selbst denken, selbst leben, selbst handeln, selbst sein, sich selbst kultivieren und:

---

[220] KSA 1, S. 333

„...zu begreifen, dass Kultur noch etwas Anderes sein kann als Dekoration des Lebens, das heißt im Grunde doch immer nur Verstellung und Verhüllung; denn aller Schmuck schmückt das Geschmückte."[221]

Nicht aus historischer Neugierde wendet sich Nietzsche also den Vorsokratikern zu, sondern um von ihnen zu lernen, wie man (leben) lernt. Denn in den deutschen „Bildungsanstalten" finde eine „Erweiterung der Bildung" bei gleichzeitiger „Verminderung und Abschwächung derselben"[222] statt, während eine „Konzentration" und „Stärkung" erforderlich sei. Dies Ziel ist im Grunde nur durch eine Stärkung der Persönlichkeit erreichbar, die allerdings nicht abgeschnitten von aller Kommunikation sich entwickeln kann, sondern, wenn in der Gegenwart die Kultur nur Dekor ist, dann muss in der Vergangenheit nach geeigneten Vorbildern gesucht werden, so bei den alten Philosophen:

„(...) es ist ein Anfang, um jene Naturen durch Vergleichung wieder zu gewinnen und nachzuschaffen und die Polyphonie der griechischen Natur endlich einmal (sic!) wieder erklingen zu lassen: die Aufgabe ist das ans Licht zu bringen, was wir immer lieben und verehren müssen und was uns durch keine spätere Erkenntnis geraubt werden kann: der große Mensch."[223]

In diesem Sinne schreibt Nietzsche über Heraklit:

---

[221] KSA 1, S. 333 f.
[222] KSA 1, S. 647 (Über die Zukunft unserer Bildungsanstalten. Einleitung)
[223] KSA 1. S. 802

„Es ist wichtig von solchen Menschen zu erfahren, dass sie einmal gelebt haben[224]. Nie würde man sich zum Beispiel den Stolz des Heraklit, als eine müßige Möglichkeit, imaginieren können. An sich scheint jedes Streben nach Erkenntnis, seinem Wesen nach, ewig unbefriedigt und unbefriedigend. Deshalb wird niemand, wenn er nicht durch die Historie belehrt ist, an eine so königliche Selbstachtung und Überzeugtheit, der einzige beglückte Freier der Wahrheit zu sein, glauben mögen."[225]

---

[224] kursiv: T.K.
[225] KSA 1, S. 834

5.

Heraklit

> *„Das ewige Leben ist ein Kind, spie-*
> *lend wie ein Kind, die Brettsteine*
> *setzend; die Herrschaft gehört ei-*
> *nem Kind."*[226]

Da Nietzsche die großen Einseitigen sich zum Vorbild nimmt, ist es auch nicht verwunderlich, dass er sie einseitig darstellt, wie eben sein Verhältnis zur Historie eben nicht kalt-gerecht und „objektiv" ist, sondern leidenschaftlich und „ungerecht"[227]. Im Folgenden werde ich anhand zweier ausgewählter Passagen, jeweils eine zu Heraklit und Parmenides, Nietzsches Vorgehen nachzeichnen. Dass es sich bei den Passagen über Heraklit „um eine, im Übrigen nicht einmal originelle Banalisierung seines Denkens" handele, „das Kapitel über Parmenides schließlich (...) völlig abzulehnen (ist, T.K.)"[228], dieser Meinung der Herausgeber möchte ich mich hier nicht anschließen, denn ihr Bewertungsmaßstab ist nur scheinbar der Nietzsches - die „Persönlichkeit" -, eher der einer historisch-kritischen, philologischen „Gerechtigkeit". Nietzsche geht mit einem Begriff von „Persönlichkeit" an die Vorsokratiker heran, der kaum persönlichkeitsspezifische Merkmale im psychologischen, eher im metaphysischen Sinn, wenn ich so sagen darf, aufweist, denn die „persönlichsten" Fragen scheinen für Nietzsche zu lauten: wie geht einer mit dem Werden um, mit Veränderungen, Chaos, Unsicherheit und Ungewissheit, wie verknüpft einer die Bereiche

---

[226] Heraklit, DK 22 B124
[227] Wie, laut Nietzsche, alle Interpretation.
[228] KSA 1, Nachwort S. 917

des Selbst-, Fremd- und Weltverständnisses[229] zu einem
Ganzen, wie viel ist einer zu opfern bereit, wieweit lässt er
sich auf das Leben ein? In welchem Maße durchdringt er
das gelebte Leben auch intellektuell und sprachlich - wie-
viel kann er geistig und verbal in *einem* Stil integrieren?
Wie bewertet einer „alles Werdende Üppige Bunte Blühende Täuschende Reizende Lebendige"[230] . Wie geht einer damit um, dass das Üppige versiegt, das Bunte ver-
blasst, das Blühende verwelkt, das Täuschende entlarvt,
das Reizende schal wird und alles Lebendige stirbt? Und
da genügen Nietzsche offenkundig schon Stichworte, wie
eben Heraklits „Werden" oder Parmenides' „Sein". Es
geht ihm um Haltungen, Einstellungen, Konsequenzen
von metaphysischen Konzeptionen, die man als Weisen
der Kontingenz-Bewältigung beschreiben könnte[231], die
eine neue, originelle Beschreibung, eine neue Sprache, einen neuen Stil verlangen. All dies ist ihm aber Symptom,
Zeichen und Ausdruck der Lebensform[232]. In diesem Projekt konfundieren Philosophie und Kunst, so dass ich auch
in einem weiteren Punkt den Herausgebern nicht zustim-
men kann, dass Nietzsche nämlich „an die Stelle der Kunst

---

[229]   Kombinierter   Ausdruck   übernommen   aus: Günter   Abel,
Interpretationswelten, Frankfurt a. M. 1995
[230] KSA 1, S. 845
[231] So schreibt R. Rorty: „Vielmehr sah er Selbsterkenntnis als Selbsterschaffung.
Der Prozess der Selbsterkenntnis, die Konfrontation mit der eignen Kontingenz,
das Zurückverfolgen unserer Ursachen bis zu ihren Ursprüngen, ist für ihn
identisch mit dem Prozess der Erfindung einer neuen Sprache - also neuer
Metaphern." In: Kontingenz, Ironie und Solidarität, Frankfurt a. M. 1992, S. 59
[232] Ausdruck übernommen von L. Wittgenstein: „Und eine Sprache vorstellen
heißt, sich eine Lebensform vorstellen", Philosophische Untersuchungen § 19,
in: Werkausgabe Bd. 1, Frankfurt a. M. 1984.

die Philosophie als Gipfelpunkt der Kultur setzt."[233]. Gerade in seiner Charakterisierung der Philosophie Heraklits rückt der ästhetische Gesichtspunkt ins Zentrum. Nietzsche paraphrasiert enthusiastisch und affirmativ in einer Synopse mehrere Fragmente von Heraklit[234]:

„(1) Ein Werden und Vergehen, ein Bauen und Zerstören, ohne jede moralische Zurechnung, in ewig gleicher Unschuld, hat in dieser Welt allein das Spiel des Künstlers und des Kindes. (2) Und so, wie das Kind und der Künstler spielen, spielt das ewig lebendige Feuer, baut auf und zerstört, in Unschuld - und dies Spiel spielt der Äon mit sich. (3) Sich verwandelnd in Wasser und Erde türmt er, wie ein Kind Sandhaufen am Meere, türmt auf und zertrümmert; (4) von Zeit zu Zeit fängt er das Spiel von Neuem an. (5) Ein Augenblick der Sättigung: dann ergreift ihn von Neuem das Bedürfnis, wie den Künstler zum Schaffen das Bedürfnis zwingt. (6) Nicht Frevelmut, sondern der immer neu erwachende Spieltrieb ruft andere Welten ins Leben. (7) Das Kind wirft einmal das Spielzeug weg: bald aber fängt es wieder an, in unschuldiger Laune. (8) Sobald es aber baut, knüpft und fügt und formt es gesetzmäßig und nach inneren Ordnungen. (9) So schaut nur der ästhetische Mensch die Welt an, der an dem Künstler und an dem Entstehen des Kunstwerks erfahren hat, wie der Streit der Vielheit doch in sich Gesetz und Recht tragen kann, wie der Künstler beschaulich über und wirkend in dem Kunstwerk steht,

---

[233] KSA 1, Nachw. S. 917
[234] Ich berücksichtige hier nicht die Quellenlage zu den Vorsokratikern. Auch wenn die Heraklit zugeschriebenen Aphorismen nicht authentisch sind, so hat sich doch eine anderslautende Rezeptionstradition gebildet.

(10) wie Notwendigkeit und Spiel, Widerstreit und Harmonie sich zur Zeugung des Kunstwerkes paaren müssen."[235]

Zunächst ist die Passage in zwei Abschnitte zu segmentieren, in denen jeweils ein zentrales Thema (und im 2. Abschnitt zusätzlich ein drittes Thema) präsentiert wird, zum Schluss werden beide zentralen Themen miteinander verbunden, und zwar unter der Optik des dritten Themas. In den Sätzen bzw. Teilsätzen (1) bis (7) wird eine Analogie hergestellt zwischen dem unschuldigen, d.h. nicht moralisch zu bewertenden, weil naiven Kinderspiel und künstlerischen Schaffen einerseits und der kosmogonischen Zentralkategorie des „Feuers" und der zyklischen Weltentstehung andererseits, von (8) bis (9) wird hauptsächlich die Kategorie der Notwendigkeit ins Spiel gebracht und zwar unter dem Aspekt der Gesetzmäßigkeit und der Ordnung(en). Satz (10) bringt „Spiel" und „Notwendigkeit" unter einer biologisch-erotischen Beschreibung – „paaren" und „Zeugung" - zusammen im Ergebnis des „Kunstwerkes". Nach der Analogie der ersten Sätze werden hier also das Spiel des Kindes, das Schaffen und Werk des Künstlers, der Kosmos gleichgesetzt, also erscheint der Kosmos als „Kunstwerk" - aber ohne Künstler. Es gibt bei Heraklit keinen Demiurgen wie bei Plato, es gibt folglich auch kein Kind oder keinen Künstler als Subjekt und Autor des Spiels und des Werkes, sondern der „Äon", das Weltalter spielt mich sich selbst. Es herrscht nirgends regelloses Chaos, aber auch keine strenge Ordnung. Denn die Notwendigkeit ist eine der Ordnungen im Plural, und

---

[235] KSA 1, S. 830f., Nummerierung von T.K.

eine der Gesetzmäßigkeit und nicht des Gesetzes. Vor allem entstehen die Ordnungen im Prozess des Werdens spontan und planlos, auf diese Weise sind sie zwar indeterministisch, aber nicht strukturlos. Satz (9) aber bringt erst die Perspektive der Weltbetrachtung Heraklits: es ist die des Künstlers, der als Betrachter *über*, als Schaffender *im* Kunstwerk stehe, d.h. der nie beides zugleich sein kann, aber auch nie nur das eine ist. Die ästhetische Weltbetrachtung betrachtet die Welt als Kunstwerk. Die Notwendigkeiten, die hier herrschen, sind ästhetischer, nicht moralischer Natur. Aber auch nicht logischer oder rationaler Natur, sondern die Motivation des Kindes/Künstlers zum Spielen/Schaffen und des Analogons, der Welt(en), ist „Trieb", „Bedürfnis", „Laune", also - traditionell - irrationale, alogische Motivationen.

6.
Parmenides

"Also ist Entstehung ausgelöscht
und unerfahrbar Zerstörung" [236]

Nietzsches Kritik am Platonismus - und damit indirekt am Christentum als „Platonismus fürs 'Volk'"[237] - kündigt sich hier in der Kritik an Parmenides an und findet an einer Stelle direkt Erwähnung:

„...dadurch dass er (Parmenides, T.K.) die Sinne und die Befähigung Abstraktionen zu denken, also die Vernunft jäh auseinander riss, als ob es zwei durchaus getrennte Vermögen seien, hat er den Intellekt selbst zertrümmert und zu jener gänzlich irrtümlichen Scheidung von 'Geist' und Körper' aufgemuntert, die, besonders seit Plato, wie ein Fluch auf der Philosophie liegt."[238]

Diese Passage setzt das Kantische Vernunftverständnis schon voraus, vor allem den Zusammenhang zwischen der Rezeptivität der Sinnlichkeit und der Spontaneität des Verstandes, und schreibt dessen Nichtbeachtung Parmenides zu; das ist zumindest ein Anachronismus. Die Ableitung des platonischen Leib-Seele-Dualismus aus der logischen Abstraktion von aller Sinnlichkeit wirkt zumindest herbeigeholt. Zumal Nietzsche selbst noch einen starken Dualismus zwischen „Subjekt" und „Objekt" vertritt, ohne vom Parmenideischen Sein auszugehen. Die Dramatik des Ausdrucks ist allerdings bemerkenswert: die Ver-

---

[236] Parmenides, DK 28 B 8
[237] KSA 5, S. 12
[238] KSA 1, S. 843

nunft wird auseinandergerissen, der Intellekt zertrümmert, wenn man das Sein vom Leben trennt oder den Geist vom Körper. Aber im Unterschied zu Parmenides suchte Platon indes wenigsten mit dem Problem des Werdens fertig zu werden, wie sein großer Dialog „Sophist" beispielsweise belegt, in dem der eleatische „Fremde" und Theaitetos den „Satz des Vaters Parmenides", dass Seiendes sei und Nichtseiendes nicht sei, „notwendig, wenn wir uns verteidigen wollen, prüfen und erzwingen müssen, dass sowohl das Nichtseiende in gewisser Hinsicht ist als auch das Seiende wiederum irgendwie nicht ist."[239] Denn sowohl bei Bildern, Täuschungen als auch beim Werden, bei Veränderungen tritt immer wieder dasselbe Problem auf, dass man zur Beschreibung die Negation verwenden müsse: ein Bild stellt etwas dar, was es nicht ist; der Sophist täuscht vor, etwas zu sein, was er nicht ist; eine Veränderung ist nur beschreibbar als Übergang von einem Zustand, der nicht mehr ist, zu einem Zustand, der noch nicht ist, etc., d.h. aber, dass man von etwas Nichtseiendem Sein aussagt und von etwas Seiendem Nichtsein. Obwohl Platon dies akzeptiert, ist wahre Erkenntnis bei ihm auch, wie bei Parmenides, auf das Sein gerichtet: „Und Meinung hat es mit dem Werden zu tun, Erkenntnis mit dem Sein"[240] Da Nietzsche in dieser frühen Phase selbst noch, vermittelt durch Schopenhauer, halber Platoniker und halber Kantianer ist und selbst noch eine „doppelte Weltordnung" vertritt, fällt das Urteil gegen

---

[239] Platon, Sophist, 241 d, in: Sämtliche Werke, Bd. 3, Reinbek bei Hamburg, 34. Aufl. 2004

[240] Platon, Politeia 534a, in: Sämtliche Werke, Bd.2, Reinbek bei Hamburg, 29. Aufl. 2002

Platon milder aus, er erhält von Nietzsche nur nicht das Prädikat „großer Mensch", sondern lediglich „großartiger Mischcharakter":

„Mit Plato beginnt etwas ganz Neues; oder, wie mit gleichem Recht gesagt werden kann, seit Plato fehlt den Philosophen etwas ganz Wesentliches, im Vergleich mit jener Genialen-Republik von Thales bis Sokrates. Wer sich missgünstig über jene älteren Meister ausdrücken will, mag sie die Einseitigen nennen und ihre Epigonen, mit Plato an der Spitze die Vielseitigen. Richtiger und unbefangener würde es sein, die letzteren als philosophische Mischcharaktere, die ersteren als die reinen Typen zu begreifen. Plato selbst ist der erste großartige Mischcharakter und als solcher sowohl in seiner Philosophie als in seiner Persönlichkeit ausgeprägt. Sokratische, Pythagoreische und Herakliteische Elemente sind in seiner Ideenlehre vereinigt: sie ist deshalb kein typisch-reines Phänomen. (...)"[241]

Und doch kündigt sich in der Kritik an Parmenides schon an, was später exemplarisch immer wieder an Platon, aber auch an Sokrates „exerziert" wird: Die Anklage, die Opferung der Welt der Sinne, des Leibes, der Lust, ihren Ausschluss aus der Welt der Wahrheit und Gewissheit verbrochen zu haben: „Die Spinne will doch das Blut ihrer Opfer; aber der parmenideische Philosoph hasst gerade das Blut seiner Opfer, das Blut der von ihm geopferten Empirie"[242] , geopfert auf dem Altar der Vernunft.

---

[241] KSA 1, S. 810
[242] KSA 1, S. 844

7.
Sprachkritik als Erkenntniskritik

Nietzsches Kritik an der Parmenideischen Ontologie ist nicht zuletzt sprachphilosophisch motiviert:

„Die Worte sind nur Symbole für die Relationen der Dinge unter einander und zu uns und berühren nirgends die absolute Wahrheit: und gar das Wort 'Sein' bezeichnet nur die allgemeinste Relation, die alle Dinge verknüpft, ebenso wie das Wort 'Nichtsein'. Ist aber die Existenz der Dinge selbst nicht nachzuweisen, so wird die Relation der Dinge unter einander, das sogenannte 'Sein' und das sogenannte 'Nichtsein' uns auch keinen Schritt dem Lande der Wahrheit näherbringen können. Durch Worte und Begriffe werden wir nie hinter die Wand der Relationen, etwa in irgendeinen fabelhaften Urgrund der Dinge, gelangen und selbst in den reinen Formen der Sinnlichkeit und des Verstandes, in Raum Zeit und Kausalität gewinnen wir nichts, was einer *veritates aeterna* ähnlich sähe. Es ist unbedingt für das Subjekt unmöglich, über sich selbst hinaus etwas sehen und erkennen zu wollen, so unmöglich, dass Erkennen und Sein die sich widersprechendsten aller Sphären sind."[243]

Hier wird im Rahmen der schon bei Kant angelegten Sprachkritik der fundamental-kategoriale Unterschied zwischen Sein und Darstellen zum Prinzip einer grundlegenden Nichtbeschreibbarkeit der Realität erhoben, die Nietzsche in der Nachlassschrift „Über Wahrheit und Lüge im außermoralischen Sinne" zu einer Metaphern-Theorie

---

[243] KSA 1, S. 846

der Sprache ausbaut. Ausgehend von der klassischen Korrespondenztheorie der Wahrheit als Basis jeder Bedeutungstheorie hebt er an, um eben mit der Wahrheitskonzeption auch jeder „realistischen Semantik"[244] den Garaus zu machen:

„Was ist also Wahrheit? Ein bewegliches Heer von Metaphern, Metonymien, Anthropomorphismen kurz eine Summe von menschlichen Relationen, die, poetisch und rhetorisch gesteigert, übertragen, geschmückt wurden, und die nach langem Gebrauche im Volke fest, kanonisch und verbindlich dünken: die Wahrheiten sind Illusionen, von denen man vergessen hat, dass sie welche sind..."[245]

Wenn die Sprache nur aus Metaphern, aus einer hart und starr gewordenen „ursprünglich in hitziger Flüssigkeit aus dem Urvermögen menschlicher Phantasie hervorströmenden Bildermasse"[246] entstanden ist, dann gibt es nicht nur keine Wahrheit, sondern auch keine festen Bedeutungen. Es ist aber offenkundig, dass diese Art von Sprachkritik tief im Kantischen Boden verwurzelt ist, denn:

„(...) zwischen zwei absolut verschiedenen Sphären wie zwischen Subjekt und Objekt gibt es keine Kausalität, keine Richtigkeit, keinen Ausdruck, sondern höchstens ein *ästhetisches* Verhalten..."[247]

---

[244] Ausdruck übernommen von F. v. Kutschera, Sprachphilosophie, 2., völlig neu bearb. und erw. Aufl., Nachdr. - München: Fink, 1993, der sich genau gegen dies Verfahren wendet, die Kritik am „semantischen Realismus" am Wahrheitsbegriff festzumachen: S. 73
[245] KSA 1, S. 880f.
[246] KSA 1, S. 883
[247] KSA 1, S. 884

Nietzsche verwirft eine kausale, eine normativ-konventionelle und eine expressive Bedeutungstheorie, da alle drei Modelle eine Relation zwischen Zeichen und Bezeichnetem zu implizieren scheinen. Einzig das „ästhetische Verhalten" zeichnet den Sprachproduzenten aus und so ist für Nietzsche denn - und hier kann ich wieder an seine Heraklit-Interpretation anschließen - der Mensch ein *„künstlerisch schaffendes* Subjekt"[248]. Die Einsicht in die vollständige Arbitrarität der Relation zwischen Signifikant und Signifikat[249] veranlasst Nietzsche also zur Aufgabe einer realistischen Semantik und Wahrheitstheorie und damit aber auch - und zwar übertriebener Weise, wie ich glaube - zum Verzicht auf die regulative Ideen der Wahrheit und Erkenntnis. Sprach- und Erkenntniskritik gehen bei Nietzsche Hand in Hand und es scheint fast so, als ob Nietzsche Heraklit als den exemplarischen Philosophen des „tragischen Zeitalters" favorisiert, weil dieser laut Aristoteles den Satz vom Widerspruch verletzte: „Es ist nämlich unmöglich, dass jemand annimmt, dasselbe sei und sei nicht, wie dies nach Meinung einiger Heraklit vertritt."[250]

---

[248] KSA 1, S. 883
[249] In der Sprache Saussures.
[250] Aristoteles, Metaphysik, 1005b, 25

8.
Im Fluss

So wendet am Ende Nietzsche sich nicht allein gegen eine moralische Weltbetrachtung, sondern gegen jede Art von Ontologie, jede Behauptung eines So-Seins der Welt und setzt dem seine „Vision" einer permanenten Schöpfung entgegen, eines „Work in Progress", aber ohne metaphysischen Demiurgen, Schöpfer, Gott. Dies korrespondiert mit seinem erkenntniskritischen Sprachkonzept, in dem Bedeutungen nichts Fixes, Starres sind, sondern eben im Fluss[251]. Dies ist der Grund dafür, dass widerspruchsfrei keine Theorie über die Totalität des Werdens möglich ist. So ist es vermutlich die Herakliteische Metapher des „panta rhei" in der sich poetisch auch Nietzsches frühe Weltsicht verdichtet zeigt. Aber: „Nun rechnet es sich die Heraklit-Forschung des 20. Jahrhunderts als Verdienst an, gerade diese Sätze als unecht erwiesen zu haben."[252] Es handelt sich um die Sätze „Man kann nicht zweimal in denselben Fluss steigen." und – „Alles fließt.". Aber Nietzsche argumentiert eben nicht als Philologe, sondern als Philosoph, der sich in einer lebensfeindlichen, verlogenen Kultur des zynischen Überdrusses einen neuen Blick aufs Leben erobern wollte und dabei der alten Quellen bedurfte, mögen die auch selbst nicht „echt" gewesen sein. Als Quelle der Inspiration zum Selberdenken - auch und gerade in den Belangen, in denen die Spezialisten die Deutungshoheit beanspruchen -

---

[251] Damit greift Nietzsche das romantische Sprachkonzept auf und Derridas Dekonstruktivismus vorweg.
[252] Christof Rapp, Vorsokratiker, München 1997, S.73

sind die Vorsokratiker unerschöpflich; sie machen Mut, sich des eignen Verstandes „ohne Leitung eines anderen zu bedienen."[253]

---

[253] I. Kant, Beantwortung der Frage: Was ist Aufklärung? in: I. Kant, Werkausgabe Bd. XI, hrsg. v. Wilhelm Weischedel, Frankfurt a. M. 1974, S. 53

V
Macht, Moral, Metapher
1.
Wert der Wahrheit

Nietzsche war ein epochaler Denker. Zu dieser Einschätzung gelangt auch Günter Abel: „In Nietzsches Denken vollzieht sich eine Überwindung nicht nur der für die alte Weltdeutung wesentlichen Teleologie, sondern auch der Prinzipien neuzeitlicher Rationalität. (...) Realität gibt es immer nur als eine in Prozessen der Organisation, des Abgrenzens, Auswählens, Unterscheidens, Assoziierens, Dissoziierens und klassifizierenden Konstruierens, kurz: immer nur als in Prozessen der Interpretation hervorgebrachte Realität. Wenn etwas *so* ist, dann ist es ipso facto ein interpretiertes Etwas. Auch die empirische Welt ist von den Standards der Interpretation abhängig. Die Idee des rein Gegebenen lässt sich nicht explizieren und sollte mithin nicht nur abgeschwächt und verfeinert, sondern aufgegeben werden. Diese Prozesse perspektivischer Realitäts-Erzeugung sind Nietzsche zufolge Vorgänge des Machtwollens und der Interpretation in einem. Sie sind für alle Geschehensvorgänge, nicht nur für den Menschen charakteristisch."[254] Dies ausführliche Zitat soll nicht nur die seit Heidegger ungebrochene Wertschätzung von Nietzsches Leistung dokumentieren, sondern zugleich die „Produktivität" von Nietzsche in der zeitgenössischen deutschen Philosophie. Aber gerade der „Interpretationismus" von G. Abel scheint mir von einem typischen Missverständnis der Texte Nietzsches geprägt: sie haben keine

---

[254] G. Abel (1998), S.VII

ausschließlich assertorisch-apophantische Funktion; sie proklamieren kein „immer nur als". Zur Interpretation wird - bei Nietzsche - nur, woran nicht „geglaubt", was nicht „gewollt" wird. Der Terminus „Interpretation" übernimmt - wenn ich an ihn „glaube", ihn „will", ihn folglich für „wahr" halte - für mich dann die Rolle, die Nietzsche den „Vorurteilen der Philosophen" zuweist; er wird zum „Grundstein" einer „Dogmatik". Nietzsche wäre nicht der epochale Denker, wenn er den „Vorurteilen der Philosophen" nur weitere hinzugefügt hätte - was er gewiss *auch* getan hat, denn wie sollte es möglich und warum sollte es nötig sein, keine Vorurteile zu haben? Sein Stellenwert in der abendländischen Philosophiegeschichte verdankt sich meines Erachtens vielmehr der Entfaltung eines *Problems*, das im „Herzen" der „logozentrischen" Philosophie-Konzeption schlägt, wie sie, ausgehend von Anaxagoras' Postulat des νοῦς als universell wirkender Ordnungsmacht bis zum Empirismus und Positivismus als Metaphysik der Wissenschaften, verstanden wurde. Gemeint ist das Problem vom „Wert der Wahrheit". Dies Problem ist so einfach und zugleich von einer solchen Kraft, dass es nicht wundernimmt, dass faktisch fast alle Philosophie-Konzepte der Gegenwart von einigem Gewicht, einschließlich der modernen Wissenschaftstheorie, dies Problem mehr oder weniger explizit - unabhängig davon, ob sie es mit Nietzsche in Zusammenhang bringen oder nicht - anerkennen. Genau genommen scheint es auch nicht wichtig, Nietzsche als Entdecker dieses Problems zu betrachten, es ist sogar anzunehmen, dass jeder, der „philosophiert", gerade um dies Problem „weiß", denn es ist dem logischen Denken gleichsam inhärent. „Philosophieren" bestand bis Nietzsche darin, dieses Problem zu entfalten, aber nur, um ihm auszuweichen. Das Problem wäre in seiner Wirkung nicht so „durchschlagend", wenn es dem Denken, genauer dem rational-diskursiven Denken im Rahmen einer binären Logik, nicht selbst eigentümlich wäre. Die Skeptiker und Kant haben dies Problem expliziert, ohne die „Folgerungen" aus ihm zu ziehen. Kant formuliert es in der Vorrede zur Ersten Auflage der „Kritik der reinen Vernunft" (1781) gleich in der Exposition:

„Die menschliche Vernunft hat das besondere Schicksal in einer Gattung ihrer Erkenntnisse: dass sie durch Fragen belästigt wird, die sie nicht abweisen kann; denn sie sind ihr durch die Natur der Vernunft selbst aufgegeben, die sie aber auch nicht beantworten kann, denn sie übersteigen alles Vermögen der menschlichen Vernunft."

Die Prätention der Vernunft offenbart also ihren paradoxen, aporetischen Charakter, den Kant freilich einschränkt durch die Präpositionalfügung „in einer Gattung ihrer Erkenntnisse", denn in anderen „Gattungen ihrer Erkenntnisse" - wie zum Beispiel in der Mathematik und Physik - sieht Kant die Intentionen der Vernunft als erfüllt an. Nur nicht in der „Metaphysik". Wie die Sphinx in den Abgrund stürzt die Vernunft „sich in Dunkelheit und Widersprüche". Und das nicht, wie es der Mythos bei Sophokles will, weil ihre Fragen beantwortet wurden, sondern weil sie die Fragen, die sie selbst betreffen - „das beschwerlichste aller ihrer Geschäfte, nämlich das der Selbsterkenntnis" (Kant) - in Widersprüche verstricken. Auch andere Formulierungen in diesem fundamentalen Argument für seine „Kritik der reinen Vernunft" lassen aufhorchen: so spricht er von der Natur und vom Vermögen der Vernunft und stellt beide Aspekte einander gegenüber; diese Binnendifferenzierung im Konzept der Vernunft, die Kant hier vornimmt, ist ein Hinweis auf den Grund der aporetischen Struktur der Vernunft und *zugleich* ein Versuch, doch einen *Weg* hinaus zu finden. Die Unterscheidung zwischen Natur und Vermögen der Vernunft ist - in dieser oder einer anderen Form - notwendig, wenn man überhaupt vernünftig über Grenzen und Reichweite der Vernunft selbst, also über ihr Vermögen reden will. Zugleich mit dieser Rede überschreitet aber die Vernunft die „Grenzen des Sinns"[255], die Grenzen, die sie gerade mittels ihre Rede ziehen will[256]. Der Diskurs bei Kant wird vom Standpunkt des Vermögens aus geführt – gegen die Natur. Dieser „Hang der Vernunft" zur Grenzüberschreitung wird in der späten Schrift „Über die Religion innerhalb der Grenzen der bloßen Vernunft" zum *„radikal Bösen"* erklärt -. Die Grenzüberschreitung, *die der Diskurs in der Kritik der reinen Vernunft selbst darstellt*, führt für Kant zum *„Krieg"*. Das moralisch Böse schlummert also schon in der Natur der Vernunft, in dem Hang, über die eignen Grenzen hinauszuwollen. Wie versucht

---

[255] Strawson 1992: „Also muss jede Frage, die fragt, warum es Grenzen gibt für jede kohärente Konzeption von Erfahrung, die wir ausbilden können, fragen, warum es *diese* oder jene *Grenze* gibt. (...) Denn es ist ganz klar, dass die Vorstellung keinen Sinn hat, wir könnten nach Tatsachen völlig außerhalb unserer Erfahrung sehen, um eine Erklärung dafür zu finden, dass es da diese oder jene Grenze gibt. Das ist der Grund dafür (...), warum wir Kants 'Modell' einfach verwerfen können." (S. 235)

[256] Vgl. auch den berühmten Leiter-Satz von Wittgenstein im Tractatus-Logico-Philosophicus 6.54, der die hier bezeichnete Paradoxie nochmals anders auf den Punkt bringt: die Festlegung des Sinnkriteriums in der Sprache fällt nicht in diese Sprache, liegt also außerhalb ihrer Sinngrenzen. Aber immerhin: man sieht dann „die Welt richtig".

Kant, diese Natur zu zügeln? Indem er die Vernunft moralisch diszipliniert und ihr den Mund verbieten will. Um „vernünftig" über die Vernunft reden zu können, war Kant genötigt, die *Einheit* des Konzeptes der Vernunft aufzugeben, gleichsam ein Zwiegespräch der Vernunft mit sich selbst zu inszenieren, eine dialogisch-agonale Struktur in der Vernunft selbst zu postulieren; aber welcher der beiden - oder sind es mehr? - Dialogpartner würde *Recht* bekommen, nach welchem Maßstab, welchem „Wert" [257] würde entschieden werden können, damit die „Fragen (...) aufhören" [258]? Müssen - können - aber die Fragen überhaupt aufhören? [259] Muss überhaupt entschieden werden, welche Stimme im polyphonen Gespräch der Vernunft mit sich selbst „Recht" bekommt? Natürlich, schließlich müssen Menschen auch handeln und zwar in zahlreichen Situationen *gemeinsam*. Dafür braucht es Ziele (keine Zwecke). Die „Vernunft" - also in diesem Fall das bewusste Denken [260] - kann aber offenbar ihre Grenzen und Reichweite nicht *selbst* bestimmen. *Folglich* hat die Vernunft auch kein eigenes Richtmaß, keinen autonomen Wert, an dem sie sich bei dem „beschwerlichsten ihrer Geschäfte" orientieren könnte - außer ihren „Fragen und Fragezeichen". Nietzsche diversifiziert den Vernunftbegriff - eine

---

[257] Nietzsche, Jenseits von Gut und Böse 1;19
[258] Kant, Kritik der reinen Vernunft AVIII; 15
[259] „Was der Sinn fühlt, was der Geist erkennt, das hat niemals in sich sein Ende. Aber Sinn und Geist möchten dich überreden, sie seien aller Dinge Ende: so eitel sind sie." Nietzsche, Zarathustra: Von den Verächtern des Leibes [39]
[260] Das ein sprachlich verfasstes ist. Deshalb braucht eine „neues" Denken auch eine „neue Sprache" (JGB 4) und besteht das „neue" Denken immer notwendigerweise auch in einer Kritik der „alten" Sprache, ihrer Lexik und Grammatik.

Konsequenz der „L ü c k e"[261] in jeder bisherigen metaphysischen Konzeption von Welt und Mensch. So spricht er in „Also sprach Zarathustra" von „kleiner" und „großer" Vernunft: „Aber der Erwachte, der Wissende sagt: Leib bin ich ganz und gar, und nichts außerdem; und Seele ist nur ein Wort für ein Etwas am Leibe. Der Leib ist eine große Vernunft, eine Vielheit mit einem Sinne, ein Krieg und ein Frieden, eine Herde und ein Hirt. Werkzeug deines Leibes ist auch deine kleine Vernunft, mein Bruder, die du 'Geist' nennst, ein kleines Werk- und Spielzeug deiner großen Vernunft. 'Ich' sagst du und bist stolz auf dies Wort. Aber das größere ist, woran du nicht glauben willst, - dein Leib und seine große Vernunft: die sagt nicht Ich, aber die tut Ich." Wenn das vernünftige Fragen irgendwo Halt macht, überhaupt eine bestimmte Richtung findet, dann ist immer ein „Wert" im Spiel, ein Interesse, eine Präferenz, ein „Bedürfnis", wie sogar Kant einräumt[262], ein „Instinkt", ein „Wille" oder eine „Verführung von Seiten der Grammatik", wie Nietzsche bemerkt. Aber diese Grenzsteine der Vernunft sind keine universellen, allgemeingültigen Fundamente, sondern abhängige Variablen in einem Sprach- und Zeichensystem[263]. Und genau in dieser Struktur liegt Nietzsches Argument, das sehr verschiedene Formulierun-

---

[261] Nietzsche, Genealogie der Moral, III, 28

[262] Kant, KrV B735/A707

[263] „Dass die einzelnen philosophischen Begriffe nichts Beliebiges, nichts Für-sich-Wachsendes sind, sondern in Beziehung und Verwandtschaft zueinander emporwachsen, dass sie, so plötzlich und willkürlich sie auch in der Geschichte des Denkens anscheinend heraustreten, doch ebenso gut einem Systeme angehören als die sämtlichen Glieder der Fauna eines Erdteils (...)" JGB 20 Vgl. auch JGB 21, wo von „Zeichen-Welt" die Rede ist.

gen zulässt, und dem Nietzsche bis in „seine labyrinthischen F o l g e r u n g e n"[264] folgt, nämlich bis in die feinsten Verzweigungen von Religion, Moral, Wissenschaft, Kultur und Sprache. Dies Argument erlaubt es Nietzsche, eine Position jenseits der traditionellen logisch-semantischen, deontisch-axiologischen, ontologischen oder epistemologischen Dichotomien, auch jenseits seiner eignen Texte und Formulierungen, einzunehmen: „Ach, was seid ihr doch, ihr meine geschriebenen und gemalten Gedanken! Es ist nicht lange her, da wart ihr noch so bunt, jung und boshaft, voller Stacheln und geheimer Würze, dass ihr mich niesen und lachen machtet - und jetzt? Schon habt ihr eure Neuheit ausgezogen, und einige von euch sind, ich fürchte es, bereit, zu Wahrheiten zu werden: so unsterblich sehen sie bereits aus, so herzbrechend rechtschaffen, so langweilig! Und war es jemals anders? (...) Wir verewigen, was nicht mehr lange leben und fliegen kann, müde und mürbe Dinge allein!"[265] Tatsächlich aber hat Nietzsche meines Wissens dies Argument und seine labyrinthischen Folgerungen als Erster versuchsweise ausbuchstabiert und damit die Verheerungen aufgedeckt, die Dogmatiken vom Typ des „asketischen Ideals" anrichten, deren „Grundstein" *nicht* „Mensch und Erde" lauten: „... - das alles bedeutet, wagen wir es, dies zu begreifen, einen *Willen zum Nichts*, einen Widerwillen gegen das Leben...".

---

[264] Nietzsche, GM, III,24
[265] Nietzsche, JGB 296

2.
Das „Dogmatisieren in der Philosophie"

In der Vorrede zu „Jenseits von Gut und Böse" greift Nietzsche eine Metapher auf, die in philosophischen Texten nicht nur bei Kant[266], aber bei diesem doch in hohem Maße zu finden ist, die vom Hausbau:

„...und die Zeit ist vielleicht sehr nahe, wo man wieder und wieder begreifen wird, w a s eigentlich schon ausgereicht hat, um den Grundstein zu solchen erhabenen und unbedingten Philosophen-Bauwerken abzugeben, welche die Dogmatiker bisher aufbauten ...".

Die Ironie dieser Bemerkung besteht darin, dass es „unbedingte" Bauwerke auch in der Architektur nicht gibt, weshalb denn auch kein „Grundstein" - keine Methode, kein Prinzip, kein Axiom, keine Intuition, kein Apriori, kein „Vermögen", aber natürlich auch kein „Instinkt" - das Fundament für ein „unbedingtes" Bauwerk abgeben kann; höchstens für ein *bedingtes*. Und welcher kluge – „vornehme" - Architekt verteidigt schon ein bedingtes Gebäude mit dogmatischen Gründen, *allgemeinen* Prinzipien, die keine Kritik, keinen Zweifel, keine Prüfung mehr erlauben? Nietzsche zählt nun nicht die metaphysischen

---

[266] So in dem Begriff der „Architektonik" (KrV B860/A832), dem ein ganzes Kapitel der Kritik gewidmet ist. Dieser Gedanke des Architektonischen ist mit dem Begriff des „Systems" eng verknüpft, zu dem die KrV nur „Vorspiel" sei. Daher taucht die Metapher des Weges, oder des „sicheren Ganges (einer Wissenschaft)" (KrV BVII), des „kritischen Weg(s)", „Fußsteig(s)" oder der „Heerstraße" (KrV B884/ A856) sehr häufig auf. Diese beiden Metaphern zusammen ergeben die Allegorie vom Menschen, der auf dem Weg zu (s)einem Haus ist, in dem er sicher wohnen kann.

Prinzipien auf, die bisher das „Dogmatisieren in der Philosophie" bestimmten, sondern liefert gleich seine Interpretation: „...irgendein Volksaberglaube aus unvordenklicher Zeit (wie der Seelen-Aberglaube, der als Subjekt- und Ich-Aberglaube auch heute noch nicht aufgehört hat, Unfug zu stiften), irgendein Wortspiel vielleicht, eine Verführung von Seiten der Grammatik her oder eine verwegene Verallgemeinerung von sehr engen, sehr persönlichen, sehr menschlich-allzumenschlichen Tatsachen." [267] In dieser Aufzählung sind *in nuce* wesentliche Elemente von Nietzsches „genealogischer Methode" enthalten: Als „Grundstein" metaphysischer dogmatischer Systeme werden Formen des Aberglaubens, Verführung durch die Semantik und Syntax einer Sprache, Verallgemeinerungen persönlicher Tatsachen genannt.

Wenn man die Gründe, mit denen jemand eine Überzeugung rechtfertigt, ablehnt, und stattdessen (dem System externe) Ursachen für diese Überzeugungen geltend macht, die niemand für seine eignen Überzeugungen verwenden würde, um sie zu rechtfertigen („Ich halte das und das aufgrund eines Volks-Vorurteils für wahr und richtig." wäre eine inkonsistente Aussage), dann kann man von „Erklärungen" [268] für diese Überzeugungen reden, deren

---

[267] Nietzsche, (JGB, Vorrede)

[268] „In der Tat, man tut gut (und klug), zur Erklärung davon, wie eigentlich die entlegensten metaphysischen Behauptungen eines Philosophen zu Stande gekommen sind, sich immer erst zu fragen: auf welche Moral will es (will er -) hinaus?" (JGB 7). Nietzsche spricht zwar expressis verbis von „Erklärung", er macht aber in JGB 14 den Gebrauch des Wortes „erklären" abhängig davon, was nach einem bestimmten „Grundgeschmack verzaubernd, überredend, ü b e r z e u g e n d" wirkt. Daher ist jede „Erklärung" an einen bestimmten „Glauben" (JGB 14) - z.B. „an die Sinne" (JGB 14) oder an die „'Gesetzmäßigkeit der Natur'"

„Gründe" solcherart als scheinbar und unzureichend „entlarvt" werden. Solche Erklärungen weisen die Rechtfertigung durch die unzulässigen Gründe als Rationalisierungen zurück. Ein solches Verfahren ist aber nur dann überzeugend, wenn das Verhältnis zwischen Begründung und Überzeugung ein ebenso „schiefes" ist wie das zwischen „Grundstein" und „unbedingtem Philosophenbauwerk". Warum aber ist die „Versuchung" so groß, für das individuelle Fühlen, Wollen, Denken und Handeln allgemeine Prinzipien geltend zu machen; warum konzipieren wir Welt- und Selbstmodelle, denen wir allgemeingültige Wahrheit zuschreiben?

(JGB 22) - gebunden und erweist sich *ohne* diesen Glauben als „Welt-Auslegung und -Zurechtlegung", als „auch dies nur Interpretation" (JGB 22). Eine „Interpretation", die an einen „Glauben" gebunden ist, „gilt (...) als mehr und muss auf lange hinaus noch als mehr, nämlich als Erklärung gelten." (JGB 14). Nun ist es aber nach Nietzsche unmöglich, nicht zu glauben (er verwendet „wollen" und „glauben" synonym) - denn: „lieber will noch der Mensch d a s N i c h t s wollen, als n i c h t wollen..." (GM, III, 28) -, also ist der Glaube des „Interpretationismus" (G. Abel) seinerseits keine „Interpretation", sondern „gilt" als „Erklärung". Nietzsches Changieren in der Optik, sein Perspektivismus (z.B. JGB, Vorrede; 1) erschwert die Lektüre zwar; aber klar scheint mir zu sein, dass er nicht an Interpretationen *als* Interpretationen glaubt. Denn sobald man an ein Interpretament glaubt, dann hält man es für den „'Text'" (JGB 22).

3.

Parodien der Vernünftigkeit

Nietzsches „Erklärungen" lassen sich den Bereichen Kulturgeschichte, Sprache, Psychologie und Biologie des Individuums zuordnen. In diesen Bereichen sucht Nietzsche die „Grundsteine", Fundamente der „unbedingten Philosophen-Bauwerke" - nicht in den logischen, ontologischen oder epistemologischen (dem System immanenten) Prinzipien und Methoden, die von den „Dogmatikern" als Gründe, Axiome und Prämissen ihrer Argumentationen *deklariert* werden. Dabei ist allerdings zu beachten, dass diese Bereiche nicht wiederum als „Prinzipien" der Erklärung absolute - allgemeingültige - Gewissheit und Wahrheit beanspruchen: Sie müssen ihrerseits erst interpretiert werden. Nietzsche exemplifiziert an diesem Verfahren der Deduktion die Irrtümer aller Versuche einer *interpretationsfreien* Ableitung von „Wahrheiten". Er ersetzt nicht die metaphysischen Prinzipien a priori durch quasi-empirische, historische, psychologische Erklärungen. Was er vorführt, ist deren Möglichkeit. Tatsachenerklärungen setzen schließlich *allgemeine* Gesetzesaussagen voraus, aus denen man das zu erklärende Phänomen ableiten können muss. Aber Tatsachen sind nicht einfach so, als „bruti facti", gegeben. Daher exemplifiziert er mittels seiner genealogischen Methode gleichsam parodistisch die Illusion der Ableitbarkeit von allgemeinen Aussagen aus wahren und gewissen „Prinzipien".

Zunächst macht es aber den Eindruck, als wäre diese „Reduktion" metaphysischer Systeme auf systemfremde Elemente gleichbedeutend mit einer Kritik oder Ablehnung des „Dogmatisierens in der Philosophie". In diesem Sinne würde Nietzsche mit Kant konformgehen, der in seiner „Kritik der reinen Vernunft" nicht müde wird, die „Dogmatiker" zu kritisieren. So schreibt er beispielsweise in der „Transzendentalen Methodenlehre":

„Denn sie (die dogmatische Methode) verbirgt nur die Fehler und Irrtümer, und täuscht die Philosophie, deren eigentliche Absicht ist, alle Schritte der Vernunft in ihrem klarsten Lichte sehen zu lassen."

Noch deutlicher spricht Kant sich in der „Vorrede zur Zweiten Auflage" (1787) der Kritik der reinen Vernunft über den *„Dogmatism"* aus, allerdings mit einer bedeutenden Einschränkung:

„Die Kritik ist nicht dem dogmatischen Verfahren der Vernunft in ihrem reinen Erkenntnis, als Wissenschaft, entgegengesetzt, (denn diese muss jederzeit dogmatisch, d.i. aus sicheren Prinzipien a priori strenge beweisend sein,) sondern dem *Dogmatism*, d.i. der Anmaßung, mit einer reinen Erkenntnis aus Begriffen (der philosophischen), nach Prinzipien, so wie sie die Vernunft längst im Gebrauche hat, ohne Erkundigung der Art und des Rechts, womit sie dazu gelanget ist, allein fortzukommen. Dogmatism ist also das dogmatische Verfahren der reinen Vernunft, *ohne vorangehende Kritik ihres eignen Vermögens.*"

Kants Verhältnis zum „Dogmatisieren in der Philosophie" ist nicht pauschal ablehnend, sondern er gebietet es geradezu („muss"), wenn es um das *wissenschaftliche* Verfahren der Vernunft geht, nämlich „aus sicheren Prinzipien a priori strenge beweisend", d.h. aus allgemeingültigen

Gründen, vorzugehen. Diese „Prinzipien a priori" der Vernunft müssen aber erst entdeckt, aufgefunden werden (sie liegen also nicht, wie Kant sagt, „im Gebrauche" offen zu Tage); und diese Entdeckung kann nur durch die Selbstkritik der Vernunft erfolgen, durch die "*Kritik ihres eignen Vermögens*" durch sich selbst. Kant schätzt den Gewinn einer solchen Kritik nicht hoch genug ein:

„Durch diese kann nun allein dem *Materialism*, *Fatalism*, *Atheism*, dem freigeisterischen *Unglauben*, der *Schwärmerei* und *Aberglauben*, die allgemein schädlich werden können, zuletzt auch dem *Idealism* und *Sceptism*, die mehr den Schulen gefährlich sind, und schwerlich ins Publikum übergehen können, selbst die Wurzel abgeschnitten werden."[269]

Allerdings muss diese Kritik *selbst dogmatisch* verfahren, wie Kant in der Vorrede zur 1. Auflage (1781) sich „selbst das Urteil"[270] gesprochen hat: So schreibt er, dass „in dieser Art von Betrachtungen auf keine Weise erlaubt sei, zu meinen und dass alles, was darin einer Hypothese nur ähnlich sieht, verbotene Wahre sei, die auch nicht vor den geringsten Preis feil stehen darf, sondern sobald sie entdeckt wird, beschlagen werden muss. Denn das kündigt eine jede Erkenntnis, die a priori feststehen soll, selbst an: dass sie vor schlechthin notwendig gehalten werden will, und eine Bestimmung aller reinen Erkenntnisse a priori

---

[269] KrV BXXXIV
[270] KrV AXV

noch vielmehr, die das Richtmaß, mithin selbst das Beispiel aller apodiktischen (philosophischen) Gewissheit sein soll."[271]

Abgesehen davon, dass Kant sich hier eines expressis verbis deontisch-moralischen Sprachgebrauchs bedient („erlaubt", „verboten", „dürfen", „müssen", „sollen" - und als psychologische Kategorie: „wollen"), deklariert Kant für das Verfahren der Vernunftkritik selbst jene apodiktische Gewissheit, die er der Philosophie als Wissenschaft abverlangt. Das ist auch folgerichtig, denn wenn die Vernunft ihre Grenzen nicht mit „schlechthin notwendiger" Gewissheit kennt, kann sie - auf welchem „Grundstück" auch? - nicht das Gebäude der Metaphysik errichten. Die Kritik selbst wird zum „Beispiel aller apodiktischen (philosophischen) Gewissheit"; also selbst dogmatisch. Kant selbst hält also ein apodiktisches, dogmatisches Verfahren für „schlechthin notwendig".

Dieser Aspekt wird für Nietzsche nicht nur in seiner Kant-Kritik[272] wichtig, sondern gilt ihm als paradigmatisch für das Verfahren aller Philosophen, Vorurteile als Wahrheiten zu taufen, d.h. Volks-Vorurteile, Verführungen durch die Sprache und Verallgemeinerungen persönlicher Tatsachen kraft der Sprache als „schlechthin notwendig" zu deklarieren und mit „apodiktischer Gewissheit" zu behaupten. Dies geschieht zum Beispiel, wie das obige Kant-Zitat belegt, kraft eines deontisch-moralischen Sprachgebrauchs, der unterschwellig schon die Dimension der Werte und Bewertungen - die den Charakter, wenn nicht

---

[271] Ebd.
[272] Z.B. in JGB 5,11,16,21 des 1. Hauptstückes.

der Allgemeinheit, so doch der „Notwendigkeit" tragen - ins Spiel bringt. Gerade in der Beurteilung von Werten, Wertsetzungen, Wertschätzungen spielt der Charakter der Notwendigkeit eine wichtige Rolle für Nietzsche.

Was aber nach seiner Interpretation allen Werten gemeinsam fehlt - auch den „höchsten", auch dem Wert der Wahrheit -, ist ihre Universalität, ihre Allgemeingültigkeit. Eher ist die verlangte Universalität ein Wert, nach dessen Berechtigung man fragen kann. Die *Konzeption* von *Notwendigkeit* ohne *Allgemeingültigkeit* impliziert eine radikale Individualisierung - nicht nur der Urteilenden, sondern auch ihrer Standpunkte, Perspektiven, Erfahrungen. „Wahrheiten" werden bei Nietzsche zu *individual-gültigen Notwendigkeiten*:

„Sind es neue Freunde der 'Wahrheit', diese kommenden Philosophen? Wahrscheinlich genug: denn alle Philosophen liebten bisher ihre Wahrheiten. Sicherlich aber werden es keine Dogmatiker sein. Es muss ihnen wider den Stolz gehen, auch wider den Geschmack, wenn ihre Wahrheit gar noch eine Wahrheit für jedermann sein soll: was bisher der geheime Wunsch und Hintersinn aller dogmatischen Bestrebungen war."[273]

Gerade in Hinblick auf Kants Versuch, Wissenschaft - nolens volens – „dogmatisch" zu begründen, sieht Nietzsche - und dies Interpretament ist von großer Tragweite - an der „Wurzel" von (monotheistischer) Religion, Parmenideisch-Platonischer Metaphysik und auch der modernen „Wis-

---

[273]JGB, 43

senschaft" denselben Glauben an absolute, universalgültige „Wahrheiten" wirken. Mit diesem Verdacht - der sich für Nietzsche auch in seiner Interpretation des „Historizismus", „Positivismus" und „Naturalismus" des 19. Jahrhunderts bestätigt - *scheint* das Projekt der Aufklärung - die Ablösung des „Mythos" durch den „Logos", die Gründung aller Welt- und Selbst-Interpretationen allein auf die „Vernunft", auf das rationale „Selbstbewusstsein" - radikal in Frage gestellt. Aber dieser Schein trügt: Nietzsche setzt die Aufklärung, sie radikalisierend, fort, er übt Dogmen- und Götzen-Kritik, die sich nun selbst gegen die Dogmen der klassischen Aufklärung, gegen den Glauben an ein „Sein", „absolute Werte", „die" Wahrheit, die „Vernunft", das „Bewusstseins" ebenso wendet wie gegen die Naivität einer positivistisch verstandenen Wissenschaft. Und das wichtigste *Instrument* dieser Kritik ist die *Sprachkritik*: „Dass aber 'unmittelbare Gewissheit', ebenso wie 'absolute Erkenntnis' und 'Ding an sich', eine contradictio in adjecto in sich schließt, werde ich hundertmal wiederholen: man sollte sich doch endlich von der Verführung (!) der Worte losmachen!"[274]

Nietzsche differenziert allerdings, welcher „Verführung" man nachgeben, welcher man widerstehen könne - jedenfalls für seinen eignen Fall. So ist der erste Satz aus „Jenseits von Gut und Böse" – „Der Wille zur Wahrheit, der uns noch zu manchem Wagnisse verführen (!) wird (...)" - in diesem Sinne zu interpretieren: Der „Wille zur Wahrheit" stellt eine Verführung dar - also etwas moralisch Anrüchiges, dem man eigentlich widerstehen sollte -; wer dieser

---

[274] JGB 16

Verführung folgt, geht „Wagnisse" ein, unberechenbare Risiken, d.h. möglicherweise führt der „Wille zur Wahrheit" nicht zu „Prinzipien a priori" (Kant), selbstevidenten Axiomen (Descartes), zu absoluten Gewissheiten (Hegel). Schon im ersten Satz macht sich eine „Umwertung aller Werte"[275] bemerkbar, die den traditionellen Sprachgebrauch auf den Kopf stellt, in dem man zur „Lüge" verführt wird, nicht zur „Wahrheit". Warum sollte der „Wille zur Wahrheit" vor der Wahrheit (im Sinne von „absolutem Wissen") als Anspruch, als Ziel, als Maßstab Halt machen? Durch das Personalpronomen „wir" der Vorrede – „wir g u t e n E u r o p ä e r und freien, s e h r freien Geister" - bezieht Nietzsche sich expressis verbis ein in die Gemeinschaft derer, die der „Verführung" durch den „Willen zur Wahrheit" nicht widerstehen (können). Schon in diesem Satz machen sich *semantische Verschiebungen* im Sprachgebrauch geltend, die in Nietzsches explizit sprachkritischen Bemerkungen in „Jenseits von Gut und Böse" ihr ganzes Potential entfalten, und deren Formel „Umwertung aller Werte" - auch der Semantik und Grammatik - lautet.

---

[275]GM, III, 27

4.
Glaube an die Gegensätze der Werte

Und so ist auch Nietzsches Beurteilung des „Dogmatisie-rens in der Philosophie" nicht von der Idee geleitet, es gäbe neben den Vorurteilen, Illusionen, „Götzen" oder „Idolen" [276] noch allgemeingültige Wahrheiten und „schlechthin notwendige" Gewissheiten, die man nur un-ter größten Entbehrungen und Anstrengungen - schließ-lich aber doch - finden und entdecken könne. Der episte-mologische Dualismus zwischen „Erkenntnis" und „Schein"[277], „Gewissheit" und „Zweifel"[278], „Wahrheit" und „Idole"[279], „Meinen" und „Glauben" einerseits, „Wis-sen" andererseits[280] ist für Nietzsche der „Dogmatiker-Irr-tum" , der „Grundglaube der Metaphysiker" schlechthin: *„der Glaube an die Gegensätze der Werte".*[281]

Neben Wahrheit und Irrtum, Täuschung, Lüge zählt Nietz-sche Altruismus und Egoismus, Theorie und Interessen bzw. Begehren zu den „Wert-Gegensätzen", an die ge-glaubt werde. Und natürlich gehören auch Vernunft/ Be-wusstsein und „Instinkt", „Logik" und „Leben", „Weisheit" und „Macht", „Freiheit des Willens" und „unfreier Wille", „Wollen"/ „Fühlen" und „Denken" und schließlich „gut"

---

[276] Francis Bacon 1990; Aphorismus 39: „Vier Arten von solchen Idolen halten den menschlichen Geist gefangen. Ich habe sie der besseren Darstellung wegen mit Namen versehen; die erste Art soll als Idol des Stammes bezeichnet werden; die zweite als Idol der Höhle; die dritte als Idol des Marktes; die vierte als Idol des Theaters."

[277] Platon: Protagoras 356d-357c

[278] Descartes: Die Prinzipien der Philosophie I,2

[279] Bacon: Novum Organum § 38

[280] Kant: KrV B850/ A822

[281] Nietzsche, JGB, Einleitung,2

---

und „böse" zu diesen „Wert-Gegensätzen" der dogmatisch verfahrenden Metaphysiker.[282] Diese binär kodierten Konzeptualisierungen von menschlichen Orientierungen seien von den „Metaphysikern" aus einer Zwei-Welten-Ontologie „abgeleitet" worden, aus einem ontologischen Dualismus, der zugleich - und nach Nietzsche: vorrangig - ein Dualismus der Werte, der Wertsetzungen und Wertschätzungen gewesen sei. Die binären Oppositionsglieder stehen freilich nicht gleichberechtigt nebeneinander, sondern Wertung impliziert immer eine Ordnungs-Relation, eine Hierarchie der Werte, der Über- und Unterordnung; es ist - struktural betrachtet - ein Herrschaftsverhältnis. Einerseits, so Nietzsches summarische mimetische Paraphrase der abendländischen Metaphysiker-Positionen, wurde das Leben auf der Erde und im physisch-sinnlich erlebten Dasein als Leben in einer „verfänglichen verführerischen (sic!) täuschenden geringen Welt", als „Wirrsal von Wahn und Begierde" interpretiert; andererseits wurde dieser Interpretation kontradiktorisch eine „wahre" Welt gegenübergestellt als der „e i g e n e ( ) Ursprung" von Erkenntnis und Selbstlosigkeit: „im Schoße des Seins, im Unvergänglichen, im verborgenen Gotte, im 'Ding an sich'". Der Reihe nach zitiert Nietzsche hier Parmenides, Platon, Pascal („Deus absconditus") und Kant als prototypische Dogmatiker, die - bei aller Verschiedenheit und auch unterschiedlichen Wertschätzung, die Nietzsche ihnen entgegenbringt

---

[282] JGB, 3,9,16,21

- hier doch als Stichwortgeber einer metaphysischen dua-
listischen[283] - dogmatischen - Weltkonstruktion gesehen
werden. Ganz anders als Kant sieht Nietzsche also das
„Dogmatisieren in der Philosophie" nicht erst im Vernunftgebrauch „ohne Kritik ihres eigenen Vermögens", sondern
schon in dem Glauben, dass diese Kritik zur Erkenntnis von
„Prinzipien a priori" führe, also zu „Wissen" und „Gewissheit". Denn tatsächlich setzt Nietzsche diese Vernunft-Kri-
tik „ihres eigenen Vermögens" fort. Oder soll man sagen,
dass er überhaupt erst *ernst macht* mit Kants Prätention -
und mit Descartes' „de omnibus dubitandum"? Der
Glaube der Dogmatiker und Metaphysiker besteht für
Nietzsche darin, dass Wahrheit und Irrtum überhaupt
(kontradiktorische) Gegensätze seien und dass „Wahrheit"
als absolute, reine, unbedingte Gewissheit „höchsten
Wert" habe. Dies ist aber ein Glaube, den wir alle teilen,
teilen müssen, sofern wir eine - vor allem, nach Nietzsche,
eine indogermanische - Sprache sprechen.

Von Heidegger wurde die Sprache mit der Haus-Metapher
zur Sprache als „Haus des Seins" verquickt. Die Metapher
vom Hausbau wird von Nietzsche in der Vorrede ironisch
zitiert, um dreierlei zu demonstrieren: um solide Häuser
bauen zu können, braucht es nicht nur einen „Grundstein", sondern das „Fundament" muss selbst „gegründet"
sein; daraus folgt, dass es „unbedingte" Bauten so wenig
„gibt" wie „absolute Gewissheiten", denn Häuser können
einstürzen, die Erde kann beben oder eines Tages ganz untergehen. Es folgt daraus aber auch: Menschen brauchen

---

[283] Obwohl Parmenides als „Monist" gilt, ist seine Metaphysik vom Dualismus
zwischen „Sein" und „Schein" geprägt, auch wenn „Schein" nicht als seiend
benannt werden könne; vgl. Simplikios in Phys., (DK 28 B8 = Diels/Kranz)

Unterkünfte, eine Bleibe, Schutz - ganz ohne geht es nicht. Aus diesem Grund ist es auch nicht überraschend, wenn Nietzsche in der Vorrede einen anderen Ton, den der Anerkennung und Dankbarkeit gegenüber den Metaphysikern und Dogmatikern, anschlägt: „Seien wir nicht undankbar gegen sie, so gewiss es auch zugestanden werden muss, dass der schlimmste, langwierigste und gefährlichste aller Irrtümer bisher ein Dogmatiker-Irrtum gewesen ist, nämlich Platos Erfindung vom reinen Geiste und vom Guten an sich."[284]

[284]JGB, Vorrede

5.
„Erben von all der Kraft"

Die Dankbarkeit Nietzsches gegen den „gefährlichsten aller Irrtümer" bezieht sich auf das „Erbe von all der Kraft", auf die „prachtvolle Spannung des Geistes", auf den „gespannten Bogen", mit dem „man nunmehr nach den fernsten Zielen schießen" könne. Diese Kraft sei aber durch den „Kampf gegen diesen Irrtum", durch den „Kampf gegen Platon" und den „Kampf gegen den christlich-kirchlichen Druck von Jahrtausenden" „großgezüchtet" worden - wobei Nietzsche „Irrtum", „Platon" und "christlich-kirchlichen Druck" nicht additiv, sondern synonym versteht -. Diese „Spannung" werde aber vom „europäische(n) Mensch(en)" als „Notstand" empfunden, so Nietzsche weiter, als „Not des Geistes" und zwar des „freien, s e h r freien Geistes", der „der Wahrheit selbst" den „Glauben g e k ü n d i g t"[285] habe. Dieser „Notstand" besteht darin, dass dieser „Druck von Jahrtausenden" einen unbedingten „Willen zur Wahrheit" „großgezüchtet" hat, zu einer „Wahrheit", die selbst „unbedingt" und „absolut" sein solle. Dass dieser unbedingte Wille spätestens im 19. Jahrhundert zu der „nihilistischen" Konklusion führt, dass eine „absolute Wahrheit" nicht zu haben sei - und allmählich auch erst bewusst wird, was das für das menschliche Selbstverständnis, für die Moral, die Wissenschaft, für die

---

[285] GM, III, 24

Kultur überhaupt bedeutet - , dass das Konzept von Wahrheit selbst „falsch"[286] sei, diese Tragödie des „guten Europäers" ist zugleich eine *Parodie* auf eben diesen „Willen zur Wahrheit".

Die Kraft und Spannung wird in der Vorrede mit dem Kampf gegen - diese martialische, agonale Formel kehrt dreimal wieder - den Irrtum - dass es einen metaphysischen Gegensatz zwischen Wahrheit und Irrtum gebe - in Zusammenhang gebracht und *zugleich* mit den Wert-Gegensätzen selbst, denn ihnen verdanke die Menschheit „alle großen Dinge", beispielsweise den „großen Stil der Baukunst (...) in Asien und Ägypten". Aber die „Not" und Freiheit des Geistes entsteht nur für den Menschen, der die „neue Sprache"[287] beherrschen *lernt*, eine Fremdsprache, in der es möglich sein solle, zu sagen, dass es ein Irrtum sei, an den Gegensatz von Wahrheit und Irrtum zu glauben und dass „Die Falschheit eines Urteils (...) uns noch kein Einwand gegen ein Urteil" sei. Diese fremde, „neue Sprache" ist eine Sprache jenseits von Wahrheit und Irrtum, also keine Sprache des *„veritas est adaequatio intellectus ad rem"*, keine assertorisch-apophantische Rede. Nietzsche kritisiert die „Vorurteile der Philosophen" als Irrtum nicht aus dem „Grundglauben der Metaphysiker" heraus in der Absicht, ein neues Prinzip mit Wahrheitsanspruch geltend zu machen. Er würde sich dann auch selbst widersprechen. Wenn er trotzdem mit dem

---

[286] Dass das Konzept der Wahrheit selbst falsch sei, ist natürlich entweder eine paradoxe, selbstwidersprüchliche Behauptung; oder das Prädikat „falsch" ist ein metasprachliches Prädikat einer „anderen Sprache". In diesem Sinn spricht Nietzsche in der Tat eine „neue Sprache".
[287] JGB 4

Ausdruck „Irrtum" zugleich den Komplementärbegriff „Wahrheit" zitiert und wenn er außerdem scheinbar Behauptungen mit Geltungsanspruch aufstellt – „Leben selbst ist Wille zur Macht"[288] -, dann ist das allerdings interpretationsbedürftig. „Der Wille zur Wahrheit, der uns noch zu manchem Wagnisse verführen wird, jene berühmte Wahrhaftigkeit...": In Nietzsches „neuer Sprache" verführt der Wille zur Wahrheit als Wahrhaftigkeit zu Wagnissen[289]; und zu diesen Wagnissen mag es gehören, den Glauben an die Wahrheit, an die Wahrheitsfähigkeit der Sprache, aufzukündigen - jedenfalls versuchsweise. So bleibt vom „Willen zur Wahrheit" der Habitus der „Wahrhaftigkeit", die nicht „behauptet", sondern „bekennt" oder „bekundet".

---

[288] JGB 13

[289] Nietzsches Rede vom „Wagnis" der Verführung durch den „Willen zur Wahrheit" schließt an Kant an: „Ehe wir uns aber auf dieses Meer wagen (!), um es nach allen Breiten zu durchsuchen, und gewiss zu werden, ob etwas in ihnen zu hoffen sei, so wird es nützlich sein, zuvor noch einen Blick auf die Karte des Landes (d.h. das „Land des reinen Verstandes" (B294); T.K.) zu werfen, das wir eben verlassen wollen (....)." KrV B295/A 236.

6.

„Kampfplatz endloser Streitigkeiten"

Das ganze Unternehmen der Wissenschaft basiert nach Nietzsche - und mit ihm aller Philosophen und Wissenschaftler -, auf diesem Glauben, nur dass dieser Glaube bis Nietzsche keine „Kritik an (seinem) eignen Vermögen" übte:

„Es gibt, streng geurteilt, gar keine 'voraussetzungslose'[290] Wissenschaft, der Gedanke einer solchen ist unausdenkbar, paralogisch: eine Philosophie, ein 'Glaube' muss immer erst da sein, damit aus ihm die Wissenschaft eine Richtung, einen Sinn, eine Grenze, eine Methode, ein R e c h t auf Dasein gewinnt."[291]

Das Ziel aller Wissenschaft, auch der Metaphysik als Wissenschaft, besteht für Kant darin, allgemeingültige und notwendige Aussagen treffen und sie letztlich in einem vollständigen System darstellen zu können. Die Alternative bedeutet für Kant „Krieg", „Anarchie", „Chaos" und „Verwüstungen".[292] Eine Welt ohne Gesetze ist für Kant nicht *denkbar*, das betrifft sowohl die „empirische" Natur der

---

[290] Vgl. Aristoteles (Organon IV 1990; 76b13): „Es ist aber ein Prinzip keine Voraussetzung (hypothesis) und kein Postulat (aitēma), wenn es durch sich selbst notwendig wahr ist und notwendig als wahr erscheint. Denn einen Beweis für ein solches Prinzip gibt es nicht im Sinne eines äußeren Grundes, sondern nur im Sinne eines Grundes in der Seele." – „Die Begriffe sind mithin keine Voraussetzungen - denn sie sagen ja über Sein und Nichtsein nichts aus -, sondern die Voraussetzungen liegen in den Prämissen." (76b33) Gerade das letzte Zitat belegt die Vernachlässigung des Aspektes der Sprache.
[291] GM, III, 24
[292] Kant, KrV, „Krieg" (B779/A751), „Anarchie" (KrV AIX), „Chaos" (KrV AX) und „Verwüstungen" (KrV B877/A849).

Welt als Summe aller „Erscheinungen" als auch die Natur des Menschen und seiner Vernunft. In der Vorrede zur ersten Auflage der „Kritik der reinen Vernunft" von 1781 schreibt Kant:

„Jetzt, nachdem alle Wege (wie man sich einredet) vergeblich versucht sind, herrscht Überdruss und gänzlicher Indifferentism, die Mutter des Chaos und der Nacht, in Wissenschaften, aber doch zugleich der Ursprung, wenigstens das Vorspiel einer nahen Umschaffung und Aufklärung derselben, wenn sie durch übel angebrachten Fleiß dunkel, verwirrt und unbrauchbar geworden."[293]

Kants Diagnose der Metaphysik als „Kampfplatz dieser endlosen Streitigkeiten"[294], als Schauplatz von Kampf und Krieg, die nur Chaos und Verwüstungen hinterlassen, veranlasste ihn, den Autor der epochalen Schrift der politischen Philosophie „Zum ewigen Frieden" (1796), nach einer endgültigen Lösung, nach einem sicheren Ausweg[295] aus den Antinomien, den Dilemmata, den Aporien der Metaphysik - und eben der Politik, in deren Sprache er den Kampfplatz der Metaphysik beschreibt - zu suchen. Im 18. Jahrhundert war das kulturelle Gedächtnis noch gespeist von den Erinnerungen an die Katastrophe des 30jährigen Krieges, der ein Krieg der christlichen Konfessionen gewesen ist, ein Kampf um die Macht der metaphysischen Welt-Interpretation und die Durchsetzung des einen, wahren

---

[293] KrV AX
[294] KrV AVIII
[295] Wenn auch „nur in einer ins Unendliche fortschreitenden Annäherung" Kant, Zum ewigen Frieden, in: Werkausgabe XI, 1977, hg. v. Weischedel, S. 251

Glaubens. Dass es aber doch möglich sei, vom blinden Herumtappen zu sicherem Wissen zu gelangen, von der Anarchie zur weltbürgerlichen Ordnung, bezeugte ihm paradigmatisch die Newtonsche Mechanik. Der ganze Begriffsapparat der Kritik der reinen Vernunft diente - so möchte ich es hier formulieren - dem Zweck, sinnvolle, wahrheitsfähige und entscheidbare - also gewaltfrei diskutierbare - Rede streng und klar zu unterscheiden vom „dialektischen Schein" der spekulativen Vernunft, die die „Grenzen der Erfahrung" ständig überschreitet, überschreiten muss - aufgrund eines „Bedürfnisses der Vernunft"[296].

Dies Bedürfnis der Vernunft, das in den Ideen der reinen Vernunft zum Ausdruck kommt, dass es eine so und so bestimmte „Welt", einen „Gott" gebe und eine unsterbliche „Seele", also das Bedürfnis nach einer systematischen Totalität konnte für Kant allein im Glauben - und das heißt in der praktischen, auf Handlungen zielenden Vernunft - Erfüllung finden. Der Bereich menschlicher Handlungen - der sich durch das Kriterium der Freiheit vom Bereich der

---

[296] So in KrV A309/365; B611/A583; B642/A614. In B670/A642 bezeichnet Kant dies „Bedürfnis der Vernunft" als „natürlichen Hang (...), diese Grenzen (gemeint ist das "Feld möglicher Erfahrung"; T.K.) zu überschreiten." Vgl. auch: Kant, Was heißt: Sich im Denken orientieren? (AA VIII). Stegmeier greift den Begriff der „Orientierung" bei Kant auf und setzt ihn in Beziehung zu Kants Rede vom „Bedürfnis der Vernunft" nach „unentbehrlich notwendig(en)" (KrV B673/645) „Illusionen", wenn er in: Orientierung. Philosophische Perspektiven 2005 als Herausgeber in der Einleitung schreibt: „Das Bedürfnis der Vernunft, ihre Angewiesenheit auf etwas, was sie selbst nicht ausweisen kann, gebe ihr als 'subjektiver Grund' das *Recht'*, 'etwas vorauszusetzen und anzunehmen, was sie durch objektive Gründe zu wissen sich nicht anmaßen darf'. Es handele sich dann nicht mehr um 'freie Einsicht', sondern um eine 'abgenötigte *Voraussetzung'*. Im Sich-Orientieren steht nach Kant *'Bedürfnis'* für *'Einsicht.'* Das Bedürfnis nach Orientierung rechtfertigt unausweisbare Annahmen, die zum Handeln notwendig sind."

naturnotwendigen Ereignisse und Vorgänge unterscheidet - ist aber der Bereich der Moral schlechthin. Dieser Glaube kann und darf aber nicht mit dem Anspruch der Wahrheit und Gewissheit behauptet werden. Denn Wahrheit und Gewissheit - das glaubte Kant in der Kritik der reinen Vernunft gezeigt zu haben - gebe es nur für Urteile, die entweder analytisch oder synthetisch a priori seien. Und synthetische Urteile a priori seien immer auf die Erfahrung in Raum und Zeit, auf die „Anschauung" bezogen. Die Grenzen der empirischen Erfahrungen in Raum und Zeit sind auch die Grenzen sinnvoller - d.h. für Kant wahrheitsfähiger, entscheidbarer - Rede. Aber wie steht es mit der Rede über diese Grenzen, ist sie „wahrheitsfähig", ist sie „entscheidbar" - ist sie „sinnvoll"? Und wie steht es mit den „Ideen der reinen Vernunft"? Woher stammt das „Bedürfnis", an eine systematische Totalität - an eine so und so strukturierte Ganzheit - der „Welt" zu glauben, an einen „Gott", an eine „unsterbliche Seele"?

Dabei ist es bedenkenswert, dass Kant bezüglich der Ideen der reinen Vernunft von „Illusionen"[297] spricht - da sie den Bereich möglicher Erfahrung überschreiten -, allerdings - hier zeigt sich eine verblüffende Übereinstimmung zwischen Nietzsche und Kant - von „unentbehrlich notwendigen"[298] Illusionen. So schreibt Kant im „Anhang zur transzendentalen Dialektik" unter der Überschrift „Von dem regulativen Gebrauch der Ideen der reinen Vernunft":

---

[297] Das „Bedürfnis der Vernunft" nach transzendenten Gewissheiten, dieser „Hang" zur Grenzüberschreitung, ist auch die Quelle der „Ideen der reinen Vernunft", die, unkritisch als wahr geglaubt, zu den Illusionen des „dialektischen Scheins" der „reinen Vernunft" führen.
[298] KrV B673/A645

„(...) dass die menschliche Vernunft dabei einen natürlichen Hang habe, diese Grenze zu überschreiten, dass transzendentale (sic!) Ideen ihr ebenso natürlich sein, als dem Verstande die Kategorien, obgleich mit dem Unterschiede, dass sie wie die letzteren zur Wahrheit, d.i. der Übereinstimmung unserer Begriffe mit dem Objekte führen, die ersteren einen bloßen, aber unwiderstehlichen Schein bewirken, dessen Täuschung man kaum durch die schärfste Kritik abhalten kann."

Die Begriffe „Vernunft" und „Erfahrung" waren für Kant unproblematische Begriffe bzw. musste er sie als unproblematische Begriffe erscheinen lassen, um den „kritischen Weg" überhaupt beschreiten zu können. Bei Nietzsche werden genau diese Konzepte – „Vernunft" und „Erfahrung" - auf eine spezifische Weise - gerade auch in Hinblick auf den Begriff des „Bedürfnisses" und der „Moral" - problematisiert.   Nietzsche fragt, anders als Kant, aufgrund welcher Bedürfnisse („Werte") der Vernunft Grenzen gezogen werden (müssen? sollen? dürfen? können?), in Hinblick auf welche Erfahrungen Grenzen nötigen sein können. Und er fragt, für welche Moral, für welche menschliche Praxis die „Ideen der reinen Vernunft" notwendig sind, denn - entgegen Kants Ansinnen -: es versteht sich für Nietzsche nicht von selbst, dass die Ideen einer gesetzesartig strukturierten Welt-Totalität, eines ewigen Weltschöpfers und einer unsterblichen Seele notwendige Ideen einer „reinen Vernunft" seien; es versteht sich nicht einmal von selbst, dass die Rede von einer *reinen* „Vernunft" - nach Kants eignen Kriterien - viel „Sinn" mache.

7.
Der sprachkritische Weg

Kant konnte den Bürgerkrieg der Vernunft offenbar durch seine Gesetzgebung nicht anhaltend schlichten, wie nicht erst Nietzsches Philosophieren aufzeigt, sondern natürlich schon die Kritik durch Zeitgenossen - vor allem Hamann, Herder und Eberhard - und die Entwicklung der post-Kantianischen Philosophie des Deutschen Idealismus von Fichte, Hegel und Schelling. Schließlich überschritt auch Schopenhauer die Grenze zum „Ding an Sich". Aber er hätte es freilich abgelehnt, in einer solchen Gesellschaft Erwähnung zu finden. Alle brachen sie so gut wie mit allen kritischen Grenzen des philosophischen Diskurses, die Kant markiert hatte. Von einem „Frieden", gar einem „ewigen", war - und ist - man in der Philosophie weit entfernt. Aber es war ein diskursiver Krieg mit den Mittel der Sprache, der philosophischen Kritik (und der sozialen Reputation). Dass dieser *sprach-metaphysische Krieg* sich schließlich im 20. Jahrhundert zu den größten und grauenvollsten ideologischen und militärischen Kriegen der Menschheitsgeschichte entwickelte, bezeugt nachdrücklich die Einsicht Kants, dass die Ideen, die der Vernunft Grenzen setzen, den Willen in der menschlichen - und das heißt immer auch: der politischen - Praxis bestimmen. Diese Einschätzung wurde von Nietzsche geteilt. Kant beurteilt indes den Agon, den Polemos in der Kulturentwicklung des Menschen[299] nicht naiv ablehnend, im Gegenteil weist er dem

---

[299] Beispielweise in seiner Schrift „Ideen zu einer allgemeinen Geschichte in weltbürgerlicher Absicht" (1784).

Krieg eine entscheidende Rolle in der Entwicklung der *Naturanlage* der Vernunft zu, andernfalls wäre der Mensch, wäre ihm alles widerstandslos geglückt und hätte er seine vitalen Bedürfnisse ohne Anstrengung und ohne Konflikte befriedigen können, über den Rang eines genügsamen Herdentieres, eines Schafes[300], das sich im Höchstfall nur selbst erhält, nicht hinausgekommen. Auch diese Einschätzung wurde von Nietzsche geteilt. Aber in den 70er und 80er Jahren des 19. Jahrhunderts konnte man unmöglich mehr Kants Hoffnung teilen, dass „der kritische Weg" „zur Heerstraße" werden könne, dass

„dasjenige, was viele Jahrhunderte nicht leisten konnten, noch vor Ablauf des gegenwärtigen erreicht werden möge: nämlich, die menschliche Vernunft in dem, was ihre Wissbegierde jederzeit, bisher aber vergeblich, beschäftigt hat, zur völligen Befriedigung zu bringen."[301]

Im Gegenteil, die Philosophie nach Kant wurde wieder „dogmatisch" im schlechten, im unkritischen Sinn. Nietzsche machte sich - um in Kants Weg-Metapher zu bleiben - als „Wanderer" auf, den „Fußsteig", den „kritischen Weg" *neu* zu beschreiten. Sein *Ausgangspunkt* war ein anderer als der Kants: der Historizismus, der Naturalismus und Positivismus, die Herrschaft des biologischen Paradigmas und die erstarkende indogermanische Sprachwissenschaft

---

[300] Kant, Idee zu einer allgemeinen Geschichte in Weltbürgerlicher Absicht, Werkausgabe Bd. XI (hg. v. W. Weischedel), S. 37-38: Ohne den „Antagonism (der) ungeselligen Geselligkeit" wären die Menschen „gutartig wie die Schafe", wie „Hausvieh": „sie würden das Leere der Schöpfung in Ansehung ihres Zwecks, als vernünftige Natur, nicht ausfüllen."

[301] KrV B 884/ A 856

boten einem klassischen Philologen andere Methoden, Perspektiven und Interpretationen auf diesem Weg. Nietzsches neue Sichtweise brachte die Sprache ins Spiel – „Verführung von Seiten der Grammatik"-, also seinen sprachkritischen Ansatz der „Dekonstruktion" der metaphysischen Antinomien, Paradoxien, Dilemmata, Aporien - die ein notwendiges Resultat „schlechte(r) Interpretations-Künste" sind – und er entdeckte dabei die - wie er in JGB 20 schreibt – „eingeborene Systematik und Verwandtschaft der Begriffe", d „Familien-Ähnlichkeit alles indischen, griechischen und deutschen Philosophierens", das er in Beziehung setzt zu einem weiteren Interpretament, dem „der gemeinsamen Philosophie der Grammatik", „der unbewussten Herrschaft und Führung durch gleiche grammatische Funktionen". Dabei spielen die grammatischen Kategorien des „Subjekts" und „Prädikats" in der Konstituierung einer „indogermanischen" Metaphysik des „Seins", der „Kausalität" und der „Vernunft" und des „Ichs" aus Nietzsches Sicht die entscheidende Rolle.

In der „Götzendämmerung" fasst Nietzsche unter der Überschrift „Die 'Vernunft' in der Philosophie" nochmals seine sprachkritische Transformation der Philosophie zusammen:

„Die Sprache gehört ihrer Entstehung nach in die Zeit der rudimentärsten Form von Psychologie: wir kommen in ein grobes Fetischwesen hinein, wenn wir uns die Grundvoraussetzungen der Sprach-Metaphysik, auf Deutsch: der *Vernunft*, zum Bewusstsein bringen. Das sieht überall Täter und Tun, das glaubt an Willen als Ursache überhaupt; das glaubt ans 'Ich', ans Ich als Sein, ans Ich als Substanz und *projiziert* den Glauben an die Ich-Substanz auf alle

Dinge - es *schafft* erst damit den Begriff 'Ding'... Das Sein wird überall als Ursache hineingedacht, *untergeschoben*; aus der Konzeption 'Ich' folgt erst, als abgeleitet, der Begriff 'Sein'...Am Anfang steht das große Verhängnis von Irrtum, dass der Wille etwas ist, das wirkt - dass Wille ein *Vermögen* ist ...Heute wissen wir, dass er bloß ein Wort ist...".[302]

Man sollte Nietzsches philosophische Position nicht allein als eine sprachkritische interpretieren, denn man kann von ihm sagen, was Kant über sich und seine „Kritik der reinen Vernunft" gesagt hat: „Ich musste also das *Wissen* aufheben, um zum *Glauben* Platz zu bekommen."[303]. Nietzsche indes wollte den Glauben an die Wissenschaft - dessen theologisch-dogmatische Wurzeln er bloßlegte - aufheben, um den Glauben an „diese Welt, an *unsere* Welt" wiederzugewinnen, den Glauben an die Welt „des Lebens, der Natur und der Geschichte". Sein Beitrag zu diesem Versuch, die Welt und den Menschen – „sein Dasein auf Erden"[304] - zu lieben[305] - ist epochal. Dabei gibt Nietzsche die Konzepte der „Wahrheit" und der „Erkenntnis" nicht auf, im Gegenteil, die Orientierung an diesen Konzepten „eröffnet" eine „Einsicht" in „eine *tiefere Welt*".[306]

---

[302] GD, 5
[303] KrV BXXX
[304] GM III, 24,28
[305] „Alles von Neuem, alles ewig, alles verkettet, verfädelt, verliebt, oh so *liebet* ihr die Welt, - / - ihr Ewigen, liebt sie ewig und allezeit..." Nietzsche: Zarathustra 4, 10 (402). „Was aus Liebe getan wird, geschieht immer jenseits von Gut und Böse." (JGB 153)
[306] JGB, 23

8.
Zurück zu den Vorsokratikern[307]

Obwohl Karl Popper sich als ausgesprochener Gegner Nietzsches begreift, weist seine Rezeption der Vorsokratiker doch einige gemeinsame Züge mit der von Nietzsche auf. Die Unterschiede, die sich auch in großer Zahl finden, korrigieren indes eher Nietzsches einseitiges Urteil über Parmenides. Popper betrachtet die Vorsokratiker mehr wissenschaftstheoretisch und - historisch (und als Vorläufer des von ihm konzipierten „Kritischen Rationalismus"), kommt aber bezüglich der Diagnose des Zentralproblems und der Wertschätzung der Vorzüge des vorsokratischen Denkens zu ähnlichen Schlüssen. Wie Nietzsche sieht Popper im Problem der Veränderung („Werden") die zentrale intellektuelle Herausforderung, und in der sowohl methodisch-argumentierenden als auch produktiv-konstruktiven Hypothesenbildung die zentralen Vorzüge des vorsokratischen Denkens. Popper betont ebenso wie Nietzsche den intersubjektiv-dialogischen Charakter dieses selbständigen Denkens, das immer zugleich auch ein Lernen von anderen gewesen sei. Beide kommen zu dem Schluss, dass die erkenntnistheoretische Fragestellung, die Rückbindung der Frage nach dem Ursprung des Kosmos und der Veränderung an das fragende Subjekt und seine Quellen des Wissens - phänomenale Erfahrung und abstrahierendes, theoretisches Sprach-Denken - die genuin philosophische Operation darstellt. Die „Rationalität" der Vorsokratiker besteht, laut Popper, in einem methodischen

---

[307] Karl Popper, Die Welt des Parmenides. Der Ursprung des europäischen Denkens., hrsg. v. Arne F. Petersen/J. Mejer, Piper Verlag, München, ungek. 2. Aufl. Juli 2006

Denken, das von Einfachheit, Kühnheit und, vor allem, einer kritischen Einstellung geprägt war. Dabei sieht Popper eine enge Verbindung zwischen Methode, Erkenntnistheorie und Kosmologie und folgt diesem Zusammenhang am Leitfaden des Problems der Veränderung. Popper diagnostiziert eine von der Tradition seit Francis Bacon/Descartes abweichende erkenntnistheoretische Problematik: Nicht, woher ich wisse, ob die Welt um mich her real sei, sondern wie ich wissen - d.h. prüfen - könne, ob meine Theorien über die Welt wahr seien, sei die Leitfrage gewesen. Popper sieht in den Vorsokratikern seine Gewährsmänner dafür, dass das ursprüngliche wissenschaftliche Fragen nicht empirisch-induktiv positioniert gewesen ist, sondern theoretisch-deduktiv; nicht die Frage sei entscheidend gewesen, wie ich von meinen Einzelerfahrungen sicher zu allgemeinen Aussagen komme, sondern ob ich meine allgemeinen Aussagen an der Erfahrung überprüfen könne. Zwar enthalten die Welterklärungsmodelle Elemente der empirischen Analogie, ihr kühnes Format aber verdankt sich der theoretischen, problemorientierten Spekulation. So stellt die Idee des Anaximanders, dass die Erde im Raum frei schwebe, nicht nur einen kühnen Gedankenschritt dar, sondern die Lösung eines Problems der Theorie des Thales: nämlich das des unendlichen Regresses (Der Ozean hält die Erde, was trägt den Ozean?) und der Instabilität des Weltgefüges. So führt Anaximander die Idee der Symmetrie ein, d.h. fehlender Unterschiede, und kann daraus ableiten, dass eine Veränderung des Weltgefüges ausgeschlossen ist. Die Erde fällt nicht vom Firmament, weil sie zu allem anderen den gleichen Abstand hat. Nun fehlt nur noch die Idee der Kraft und der Fernwirkung, und wir hätten in Grundzügen die Gravitationstheorie Newtons. Die Grundidee ist hier also hoch abstrakt: Ohne Unterschiede keine Veränderung! Aber Anaximander hat nicht ganz konsequent gedacht, denn um die Symmetrie zu wahren, hätte seine Erde kein Zylinder sein dürfen, sondern hätte Kugelgestalt haben müssen. Die ebenen Flächen des Zylinders waren eine Konzession an die phänomenale Erfahrung. Ferner, wenn er den Gedanken hinreichend verallgemeinert hätte, hätte er zu dem Schluss gelangen können, dass im unendlichen Universum die Erde keinen zentralen Platz haben kann. Zum Verhältnis zwischen Kosmologie und Kosmogonie sagt Popper, dass die Vorsokratiker - nach dem kosmogonischen Vorspiel bei Hesiod - eher an „Struktur", „Grundriss" und „Baumaterial" interessiert gewesen waren, also an der Ordnung der Welt, deren Ursprungserklärung die Kraft haben musste, diese Ordnung immanent, ohne Rückgriff auf transzendente Ursachen zu erklären. Ein Charakteristikum dieser Ordnung ist, dass sie zyklische Veränderungen enthält, die kausal erklärt werden müssen: Sonnen-, Mondfinsternis und Mondphasen, ebenso wie Wetter und Klimaerscheinungen, biologische Wachstumsprozesse etc. - all dies wurde versucht, auf einheitliche Prinzipien, grundlegende Gesetze zurückzuführen, so z.B. Dämpfe, die bei der Berührung von Feuer und Wasser entstehen, als einheitliche (kausale) Erklärung für Winde und Sonnen- und Mondwenden. Das grundlegende Prinzip der Veränderung wurde im Zusammenwirken gegensätzlicher Urstoffe/Prinzipien gesehen, bei Anaximander waren es Feuer und Wasser bzw. Hitze und Kälte, also energetische Differenzen als die Ursache aller Veränderungen. Laut Anaximenes, einem Schüler Anaximanders, ist es aber unbefriedigend, dem Apeiron, das in sich selbst als nicht unterschieden gedacht wurde, die Ursache von Bewegung und Veränderung zuzuschreiben. Denn entweder ist das Apeiron in sich unterschieden und dann bildet es nicht den Ursprung aller Grundkräfte oder es ist es nicht, dann gäbe es keinen Kosmos. Es gäbe dann keine Veränderung, keine Bewegung, kein Werden, Wachsen und Vergehen. Das Apeiron war zwar ein abstraktes, unanschauliches Prinzip, im Kern aber immer noch stofflich gedacht, es hat Ähnlichkeit mit dem Chaos Hesiods. Aber da Anaximander die Idee der Verwandlung der Elemente ablehnte - Gegensätzliches könne nicht ineinander übergehen! -, hatte er keine Wahl. Popper beurteilt die alternative Idee des Anaximenes etwas zu eilfertig, wenn er dessen Ersetzung des Apeiron durch die Luft nur als Rückkehr zur Stofflichkeit des Thales beurteilt. Aber die Annahme eines Urstoffes, der sich aufgrund weniger Prinzipien - wie Verfestigung und Verflüssigung oder Verdichtung und Verdünnung - in die Stoffe der Erfahrung wandle (durch Zufuhr oder Abzug von Wärme) wirft zumindest nicht die logischen Probleme des Apeiron auf. Aber nach welchen Gesetzen gehen diese Verwandlungsprozesse vor sich? Muss es nicht nicht-stoffliche, quantitative Gesetze geben, die die Aggregationen des Urstoffes regieren? Und wären diese Gesetze oder „Harmonien" nicht den Sinnen unzugänglich? Das Problem der Milesischen Naturphilosophie war das Problem der Identität. Wenn man Veränderung als Verwandlung eines Stoffes in Gegensätzliches begreift, dann fällt es schwer, das "Subjekt" zu bestimmen, von dem die Veränderung ausgesagt wird. Welche Eigenschaften kommen ihm überhaupt zu? Und kann man dann nicht beliebig eine Station des Wandlungsprozesses hervorheben und diese als „Arché" kennzeichnen? Es muss das Subjekt der Veränderung also etwas sein, was selbst keine stoffliche Identität besitzt. In diese Richtung hatte Anaximander mit seinem Apeiron gedacht. Aber da er das Apeiron als unbewegt gedacht hatte, konnte im Grunde auch keine Bewegung entstehen. Nun gibt es aber Bewegung, Veränderung, etc., also musste das Apeiron ein bewegtes sein! Es musste das Prinzip der Bewegung, Veränderung selbst sein, Heraklit nennt es, durchaus stofflich, Feuer, meint aber das Prinzip der Veränderung als Identität der Gegensätze - denn das ist ja das zu lösende Problem. Wenn der Kosmos von einem Prinzip regiert wird, dann muss dieses Prinzip die Einheit der Gegensätze bedeuten, die dann nur scheinbare Gegensätze sind. Die Welt der Erfahrung fordert logisch das Postulat einer sinnlich unzugänglichen Einheit hinter dem Schleier der Gegensätze. Diese Harmonie ist „unsichtbar", d.h. unsinnlich und nur der Vernunft einsichtig. Es scheint sich hier ein logischer Widerspruch anzudeuten, wenn Heraklit einerseits sagt, dass „alles eins" sei, d.h. die Gegensätze nicht wirklich existieren, es keine Veränderung gibt, andererseits, dass alles Veränderung sei. Aber dieser Eindruck täuscht, da es sich um unterschiedliche logische Ebenen der Aussage handelt: die Einsicht durch die Vernunft erfasst das als Einheit, was der sinnlichen Erfahrung als Vielheit und Verschiedenheit erscheint. Diese Einheit ist aber kein sinnlich-konkret Homogenes, sondern hat eine gesetzesartige Struktur. Heraklit erkennt in der Polarität die Komplementarität als universelles Prinzip und dies „ist" eben „eins". Es taucht also bei Heraklit zuerst die Erkenntnisproblematik auf: wir haben zwei unterschiedliche Arten, zu erkennen: die sinnliche durch Kontrast und Gegensatz; die rationale Einsicht, die auf Einheit zielt. Bei Parmenides rückt die rationale Einsicht vollends ins Zentrum und verdrängt sein sinnliches Komplement, zugleich wird alles Aussagbare auf die Kategorie des Seins bezogen; im Grunde kann nur vom Sein gesagt werden, dass es sei: Das Sein ist. Dadurch bekommt das wissenschaftliche Denken aber nachdrücklich einen anti-empiristischen Impetus und zugleich jenen Zug, der das empirische, dann auch experimentelle Naturdenken seit Galileo prägt, nämlich die Orientierung am Gesetz, an Naturkonstanten, an dem, was in allem Wandel sich gleichbleibt. So erscheint die moderne Naturwissenschaft als Lösungsversuch philosophischer Probleme, ohne den Bereich metaphysischen Denkens je verlassen zu können. Diese knappe Skizze der Popperschen Interpretation des Gangs des naturphilosophischen Denkens von Thales bis Parmenides sollte einen alternativen Zugang zu den Vorsokratikern demonstrieren. Popper sieht die Vorsokratiker als (kritisch-rationale) „Problem Solvers". Nietzsche betrachtet sie als (ästhetisch-kreative) Ausdrucksdenker. Obwohl beide Philosophen davon ausgehen, dass philosophisches und wissenschaftliches Denken ipso facto immer metaphysisches und spekulatives Denken ist, unterscheiden sie sich fulminant in ihrer Wertschätzung der Rationalität. Einig sind beide sich in ihrer Ablehnung einer rein historischen, auf Bildungswissen zielenden Betrachtung. Beim Philosophieren sollte sowohl der kritisch-rationale wie der ästhetisch-kreative Zugang ermöglicht werden. Eine reine Wissensvermittlung hätte keinen philosophischen Wert.

VI.
Wissen und Sinn
1.
Gescheiterte Grenzziehungen

Meinungsfreiheit trägt die Demokratie, bloßes Meinen dagegen höhlt sie aus. Bloßes Meinen ist falsches Wissen, da es Unwissen über das Nicht-Wissen ist. Daher beginnt kritisches – „aufklärerisches" – Philosophieren immer mit einer *Kritik des Meinens*, mit dem Eingeständnis des Nichtwissens. Bevor Gadamer im Anschluss an den mittlerweile verfemten Heidegger das *Vorurteil* als grundsätzlich unhintergehbar rehabilitierte, war es unter *kritischen* Philosophen eine ausgemachte Sache, dass Vorurteile den Gegensatz zu *wahren* Urteilen bilden. Klassisch ist diese Unterscheidung durch Platons Begriffspaar Doxa und Episteme geworden, das von Kant noch um das ursprünglich christliche „Glauben" bereichert wurde: *Meinen, Glauben, Wissen* – die drei Stadien des Für-wahr-Haltens. Kant bestimmte diese vermeintlich zweistelligen Prädikate in Hinblick auf die Subjekt-Objekt-Relation unter dem Aspekt der subjektiven und objektiven Gewissheit. Kombinatorisch betrachtet fehlt aber eine vierte Option: die des Sokratischen Nicht-Wissens. Diese verbindet objektive Gewissheit mit subjektiver Ungewissheit: „Ich weiß (=objektiv), dass ich nichts weiß (=subjektiv)." Als Paradox des Nichtwissens in die Philosophie-geschichte eingegangenes Bonmot bedeutet es etwas völlig anders als „Ich weiß nichts." Es ist Wissen der 2. Stufe. Das Wissen impliziert die Vorstellung eines Nichtwissens. Die Fähigkeit menschlichen Wissens setzt sowohl die

Möglichkeit des Nichtwissens als auch die Möglichkeit des Zweifels voraus. Noch zentraler aber ist das Vermögen, *Fragen* zu stellen. Wir Menschen können aus dem, was wir wissen, schlussfolgern, was wir nicht wissen, weil wir ein Wissen um unser (Nicht-)Wissen haben. Wenn ich nicht weiß, was ich nicht weiß, dann weiß ich auch nicht, welche Fragen ich stellen muss, um genau die Antworten zu erhalten, die die Lücken in meinem Wissen füllen. Die bewusste Erfahrung eines kognitiven Mangels, einer Leerstelle in unserem „System" des Wissens ist der Motor unseres Fragens. Kein „System" des Wissens ist je geschlossen, denn auch wenn alle potenziellen „Informationen" aktuell verfügbar wären, so müssten wir sie immer noch interpretieren und in Beziehung setzen zu unserer Weise des Wissens. In diesem Sinn hat Wissen nicht nur eine Beziehung zu dem bewussten Sachverhalt, sondern auch zu einem sich selbst vergewissernden Subjekt des Wissens. *Wissen ist also eine dreistellige Relation*: „Ich weiß (nicht), dass ich (nicht) weiß, dass (nicht)-p." Damit stellte sich damals durch Sokrates die Frage nach der Natur von Wissen allgemein neu, denn das Sokratische Paradox ist weniger Ausdruck einer *ironischen* Grundhaltung, sondern vielmehr die Formel für die *Reflexivität des menschlichen Wissens*. Wenn wir etwas wissen, dann bringen wir nicht nur das Verhältnis zwischen uns und dem Gegenstand des Wissens ans Licht, sondern auch zu unserem ganzen System an Überzeugungen. Objektsprachliches Wissen ist immer das *bestimmte* Wissen, dass ein Sachverhalt besteht oder nicht besteht (p v –p). Die Darstellung der Grade der subjektiven bzw. objektiven Gewissheit folgt in der untenstehenden Tabelle Kant, während die paradigmatischen Aussagen sich am Sokratischen Beispiel orientieren.

	subjektiv	objektiv
Meinen „Ich weiß nicht, dass ich nicht weiß, dass p."	ungewiss	ungewiss
Glauben „Ich weiß nicht, dass ich weiß, dass p."	gewiss	ungewiss
Wissen „Ich weiß, dass ich weiß, dass p."	gewiss	gewiss
Sokratisches Nichtwissen „Ich weiß, dass ich nicht weiß, dass p."	ungewiss	gewiss

Zur Erläuterung: Das Wissen der 2. Stufe wird als objektives bzw. metasprachliches Wissen verstanden, da es sowohl den Bezug zum objektsprachlichen Wissen enthält als auch den Bezug zum Objekt selbst. Der metasprachliche Begriff *Wissen* (und seine Negation) impliziert eine (objektiv) wahre Proposition *über* den Grad meines Wissens. „Ich weiß, dass p." impliziert also „Ich weiß, dass ich weiß, dass p." Wäre die Formel „Ich weiß, dass p." die Grundform des Wissens, dann gäbe es nur folgende vier Möglichkeiten der propositionalen Einstellung:

Positives Wissen	Positives Nichtwissen	Negatives Wissen	Negatives Nichtwissen
Ich weiß, dass p.	Ich weiß nicht, dass p.	Ich weiß, dass nicht-p.	Ich weiß nicht, dass nicht-p.

Es wäre so nicht möglich darzustellen, dass ich auch glauben, meinen, vermuten und fragen kann und dass diese propositionalen Einstellungen nur durch ihr Verhältnis zum Wissen verständlich sind. Menschliches Wissen ist selbstreflexiv. Die Abweichungen von der *Normalform des Wissens „Ich weiß, dass ich weiß, dass p."* bilden die anderen Modi des Für-wahr-Haltens. Propositionale Einstellungen haben immer sowohl eine subjektive als auch eine objektive Komponente und sie sind am Idealfall der Übereinstimmung zwischen meinem Wissen um das, was ich „weiß" und dem, „was ist", orientiert. Das betrifft auch die Existenz und Natur des Bewusstseins selbst. Zum Weltwissen gehört das Selbstwissen. Die Frage, ob objektive Erkenntnis einer an sich seienden Welt möglich sei, hängt daran, ob unser Wissen umfassend genug sein kann, auch seine eigenen *subjektiven* Bedingungen *mitzuwissen*. Solche Garantien haben wir tatsächlich nicht. Der Ausdruck des *Mit-Wissens* bringt das zur Geltung, was ich als Wissen der zweiten Stufe bezeichne. Es scheint auf der Hand zu liegen, dass diese Art von Wissen nicht einfach das Wissen um einen beliebigen Gegenstand ist, sondern Wissen um mich selbst miteinschließt, also: Selbstbewusstsein. Wenn Selbstbewusstsein schon in der Formel: „Ich weiß, dass *ich* weiß, dass p" enthalten ist, dann setzt Wissen Selbstbewusstsein voraus. Da dies aber unvollständig ist, haben wir auch in Bezug auf unser Weltwissen keine Gewissheiten. Der Grund, aus dem heraus wir Menschen philosophische Ideen entwickeln, besteht darin, dass wir mit der Zumutung konfrontiert werden, unterschiedliche Verständnisse der grundlegendsten Begriffe unseres Seins und Bewusstseins zu haben. Diese Zumutung begegnet uns zwar in der Sprache, sie ist aber kein sprachliches Problem, sondern eines des Wissens. Wir haben weder eine Theorie der Welt noch des Bewusstseins, die all unsere Zweifel zerstreuen würden. Welche Folgen hat dieser Gedanke für die Frage nach der Existenz der Welt? Denn an einer Antwort hängen all unsere wichtigsten Konzepte: Bedeutung, Wahrheit, Sinn. Wenn unsere epistemologische Situation derart ist, dass wir aus systematischen Gründen niemals ein abschließendes Wissen haben können, dann liefert das *weder* ein Argument für *noch* gegen den metaphysischen Realismus, d.h. für oder gegen die These, dass es ein So-Sein der Welt einschließlich von uns als bewusste, denkende Menschen gibt. Wir können daraus *nicht* schließen, dass wir nur ein wahrscheinliches, ein relatives, ein bedingtes oder konstruiertes Wissen haben. Denn aus unserer erkenntnistheoretischen Situation ergibt sich, dass wir *wissen*, dass wir nicht wissen, ob unser Wissen aufs Ganze gesehen wahr ist oder nicht. Wenn wir wissen, dass wir nicht wissen, *dass* unser Wissen konstruiert ist, dann folgt daraus auch nicht, *dass* unser Wissen konstruiert, begriffs- oder schemarelativ *sei. Unser Nichtwissen ist objektiv. Es ist die einzige Objektivität, zu der wir fähig sind.* Wir wissen einfach, dass wir nichts mit Gewissheit wissen –

dies ist unsere paradoxe Gewissheit. Da wir eben keinen „Blick von Nirgendwo" (Nagel) haben, können wir keine relativistische, konstruktivistische, subjektivistische oder idealistische Position ohne Widerspruch vertreten. Sie würde immer durch das umfassendere Nichtwissen „aufgehoben" werden. Paradoxerweise setzt beispielsweise der Satz von Maturana „Die Welt liegt im Auge des Betrachters" einen subjektneutralen Standpunkt voraus, der es erlauben würde, zu behaupten, ein jeder konstruiere sich die Welt, in der er lebt. Wenn aber schon alle Versuche, ontologische Urteile generell an ein Erkenntnissubjekt zu binden, aus logischen Gründen scheitern, weil sie selbst objektive Erkenntnis behaupten −nämlich über das Subjekt im Allgemeinen und jedes Subjekt im Besonderen -, dann spricht das sehr für einen *realistischen Standpunkt mit offenen Grenzen*. Da wir kein *ab*schließendes Wissen haben können, können wir uns auch nicht gemütlich im geschlossenen Weltbild etwaiger −Ismen *ein*schließen. Wir müssen das Fremde, das „Chaos" zulassen, während wir zugleich unsere Wissenskonzepte umbauen und den neuen Erfahrungen anpassen. Dass wir kein vollständiges und gewisses Wissen haben, heißt nicht, dass wir gar kein Wissen hätten. Der *pragmatische* Wissensbegriff erlaubt praktisches und theoretisches Handlungswissen, nur eben kein metaphysisches. Unser *bestimmtes* Wissen ist immer eingebettet ins Nichtwissen. Daher liefert Wissen auch keine absoluten Maßstäbe. Was Welt und Ich „eigentlich" sind, wissen wir nicht; aber wir lernen im Umgang mit den Dingen des Lebens viel über die Welt und uns. Dennoch scheint es eine Möglichkeit zu geben, eine schwache Form des metaphysischen Realismus auf der Grundlage des

Nichtwissens zu vertreten. Wenn ich eine *wahre* Proposition p habe, *kann* ich zwar wissen, dass p. Aber ich könnte es ebenso gut nicht wissen. Andere Personen könnten entdecken, dass meine Überzeugung, dass p, wahr ist, auch wenn *ich* nicht wüsste, dass p wahr ist. Es könnte aber auch sein, dass niemand die Wahrheit der Präposition p je entdecken wird. So glaube ich, dass Gott entweder existiert oder nicht existiert. Eins von beidem muss der Fall sein. Wenn ich nun glaube, dass Gott nicht existiert, könnte diese Proposition wahr sein, ohne dass irgendjemand dies je wissen würde. Das ist letztlich nur eine andere Formulierung für Platons Definition von Wissen: *Ich weiß, dass p, wenn p wahr ist* und *wenn ich hinreichende und/oder notwendige Gründe dafür angeben kann, dass p.* Ich hätte also kein Wissen, aber dennoch die wahre Überzeugung, dass p, wenn p wahr wäre, ich dies aber nicht rechtfertigen könnte. Das ist die Grundüberzeugung des metaphysischen Realismus: dass Wahrheit unabhängig von Rechtfertigung ist. Das heißt nicht, dass man jeden Unsinn behaupten kann, denn was wir nicht wissen, können wir auch nicht behaupten. Es heißt nur, dass Überzeugungen wahr sein könnten, auch wenn wir sie nicht rechtfertigen können. „Ich weiß, dass p, wenn p" (oder: „Wenn p, dann weiß ich, dass p") ist also nicht hinreichend für Wissen im Sinn des berechtigten Habens von wahren Überzeugungen, denn aus der *Verneinung* von „ich weiß, dass p" folgt dann, dass p nicht wahr ist. Das ist aber offenkundig falsch. Denn p kann wahr sein, auch wenn ich das nicht weiß (aber p annehme) oder wenn ich keine Gründe habe, zu behaupten, dass p. Umgekehrt kann der Satz p auch dann falsch sein, wenn ich eine allgemein akzeptierte Rechtfertigung für p habe.

Das ist der Preis der Unabhängigkeit der Wahrheit von Rechtfertigung. Wenn dies so sein sollte, dann ist es um das Wissen schlecht bestellt, wenn man sich zu großartige Vorstellungen von ihm macht. Dass meine Rechtfertigungen meine Überzeugungen stützen, garantiert deren Wahrheit ebenso wenig, wie durch einen Mangel an Beweisen jemandes Unschuld bewiesen wäre. Am klarsten leuchtet das an Justizirrtümern ein, wenn Unschuldige eines Verbrechens überführt oder Schuldige aus Mangel an Beweisen freigesprochen werden. Die klassische Wissensdefinition ist additiv und lässt Wahrheit ohne Wissen zu. Das impliziert aber, dass das Verhältnis zwischen Rechtfertigung und Wahrheit, welches allererst Wissen erlaubt, kein notwendiges ist – wie Platon suggeriert hatte. Wenn Sokrates sagt „Ich weiß, dass ich nichts weiß.", dann sagt er, dass er keine Gründe dafür hat, dass p. Dies ist dann auch der vernünftige Ausgangspunkt für die Sokratische Prüfungsmethode: das unablässige *Fragen* nach den Gründen für die Annahme, dass p. Für Sokrates schließt sich der Kreis des Wissens erst, wenn ich über positives Wissen hinaus auch weiß, *dass* ich weiß. Offenbar ist die Komponente der Rechtfertigung für den Begriff des *Wissens* unerlässlich, aber nicht hinreichend, da sonst die anderen Modi des Für-wahr-Haltens nicht dargestellt werden könnten. So wäre es unmöglich, etwas zu wissen, obwohl ich mir dessen nicht bewusst bin und auch keine Gründe nennen kann, oder etwas nicht zu wissen, obwohl ich vom Gegenteil überzeugt bin, weil ich gute Gründe habe. Man könnte also auch keine Irrtumstheorie aufstellen, die ja vermeintliches oder scheinbares Wissen erklären soll. Das Sokratische Nichtwissen bringt am besten unsere metaphysische und epistemologische Situation zum Ausdruck: einerseits erlaubt sie uns den Begriff eines objektiven Universums, in dem alles eine bestimmte Seinsweise hat und es somit entsprechend viele wahre Propositionen gibt. Andererseits verbietet sie jede Form von Gewissheit und Verabsolutierung von Wissen. Damit wird das Sokratische Nichtwissen in der vorliegenden Auslegung zu einem Hauptargument gegen jede Form der Machtanmaßung aufgrund eines vermeintlichen Wissens. Interessanterweise zeigt sich, dass die trügerischste Form des vermeintlichen Wissens nicht der Glaube, sondern die *Meinung* ist. Das weicht vom heutigen Verständnis ab, und auch Kant scheint geglaubt zu haben, dass Meinen eine schwächere Form des Nichtwissens sei als das Glauben, das immerhin mit der subjektiven Gewissheit einhergehe. Aber aufgrund dessen, dass sich das metasprachliche Wissen auf das objektsprachliche bezieht und dieses „regiert", ergibt sich ein anderes Bild. *Das Meinen ist wie, anfangs gesagt, falsches Wissen, da es Unwissen über das Nicht-Wissen ist. Philosophie ist Kritik des Meinens, sie entlarvt unser vermeintliches Wissen als Meinen und zeigt uns unser Nichtwissen.* Die klassische Formulierung ist eben die des Sokratischen Nichtwissens. Im heutigen Sprachgebrauch sind die beiden ersten Instanzen – Meinen und Glauben – eine merkwürdige, nuancenreiche Bindung eingegangen, bei der es zum reichlichen Austausch von Bedeutungsteilchen gekommen ist. Die Wurzel dieser Verwechslung ist die christlich-theologische Gleichsetzung der höchsten Form des Wissens mit der – katholischen *Dogmatik*. Aber Doxa ist eben bloße Meinung. Beide Begriffe sind im *Alltagsgespräch* nahezu austauschbar: „Ich glaube, Max hat ein neues Auto!" bedeutet fast das gleiche wie „Ich meine, Max hat ein neues Auto.", auch sind die Fragen. „Was glaubst du (darüber)?" und „Was meinst du (dazu)?" zumindest in vielen Kontexten (nicht in allen) austauschbar. Andererseits kommt es aufgrund eines *reziproken* Bedeutungstransfers in öffentlichen *Diskursen* zu einer bizarren Bedeutungsverschiebung. *Meinungen* haben den unantastbaren Status von Glaubensbekenntnissen und das, was wir inbrünstig zu *glauben* meinen, kommt oftmals nicht über plattes Meinen hinaus. Meinungen sind Vorurteile, also Überzeugungen, die wir Menschen uns bilden, *bevor* wir uns ein Urteil bilden. War nach Kant das Meinen eine sehr unverbindliche Angelegenheit, so hatte das Glauben bei ihm den Grad einer subjektiven Gewissheit ohne hinreichenden objektiven Grund. Erst das Wissen verband die subjektive Gewissheit mit der Welt der objektiven Gründe. Die Sokratische Formel über das Nichtwissen ermöglichte indes eine weiterreichende Reflexion des Wissensbegriffs: *Wir urteilen nicht nur über Sachverhalte, sondern auch über unsere Art zu urteilen.* Auch eine Theorie des Meinens setzt ein zweistufiges Wissen voraus. Aber die Reflexion der Bedingungen unseres Wissens hat seinen Preis: Wir geraten in einen Sog des Zweifels und der Ungewissheit. Damit erst kommt der philosophische Wissensbegriff ins Spiel und das Problem vom *Wert der Wahrheit* in den Blick. Denn es scheint offenkundig, dass die ganze Rede vom Wissen der ersten Stufe sich auf *wahre* objektsprachliche Aussagen bezieht. Doch wenn sich das metasprachliche Wissen der zweitens Stufe auf mein Wissen um Sachverhalte bezieht, also ein Urteil über meine Art zu urteilen bedeutet, dann stellt sich die Frage, inwiefern das Prädikat „wahr" auf diese Art von Urteile bezogen werden kann. Wenn empirisch (nicht logisch) wahre Aussagen nur innerhalb bestimmter Grenzen möglich sind, die, wie beispielsweise bei Kant durch die Verstandeskategorien, festgelegt *werden* (oder festgelegt *sind*?), wie können dann die Aussagen über diese Grenzen wahr sein? Wie kann dann Sokrates *wissen*, dass er nichts weiß? In welchem Sinn kann dann *dies* Wissen objektiv (=wahr) sein? Kants ganzes Unternehmen, den *positiven* Wissensbegriff über Tatsachen und Sachverhalte der Erfahrung vom philosophischen Wissensbegriff radikal zu trennen, um der metaphysischen Spekulation den Boden zu entziehen, scheiterte an der Grenze der so definierten Vernunft. Womit sollte man denn den Maßstab messen? Es ist das gleiche Paradox wie im *Tractatus-Logico-Philosophicus* von Ludwig Wittgenstein. Die Sätze, mit denen er festlegte, was als Tatsachen zu gelten habe, behaupteten selbst keine – Tatsachen. Die Lösung, die sich bei Kant schon andeutete, erfuhr erst durch Nietzsche eine ausdrückliche Problematisierung: Wenn die metasprachlichen Formen des Wissens weder wahr noch falsch sein *können*, weil durch sie erst der Bereich der möglicherweise wahren Aussagen festgelegt wird, dann haben sie nicht den Status von Erkenntnissen, sondern von *Normen, Werten, Wertschätzungen.*

Die Quelle von Wissen ist also paradoxerweise ein Nichtwissen. Sokrates kann behaupten, dass er ein Wissen *um* sein Nichtwissen habe, weil das Nichtwissen den „Rahmen" für alle Wissensgehalte bildet. Heute würde man sagen, die Quelle von Wissen sei selbst *nicht-kognitiv.* Um die paradoxe Formulierung zu vermeiden, kann man sagen: *Wir sind uns bewusst, dass all unser Wissen vorläufig und irrtumsanfällig ist. Außerdem wird es nie abgeschlossen sein.* Statt nicht-kognitiv kann man alles einsetzen, was Nietzsche dann auch tatsächlich eingesetzt hat: Wille, Gefühl, Sprache, Vitalität, Kultur, Ideale, Gut und Böse. Um diesem Schluss, den der englische Utilitarismus und der amerikanische Pragmatismus tatsächlich zogen – sie setzten den Begriff „Nutzen" an die Stelle des Wissens der zweiten Stufe -, zu entgehen, ersann Kant den Typ des transzendentalen Arguments, der es ihm scheinbar erlaubte, das Sinnkriterium für empirisch wahre Aussagen gewissermaßen intern, aus der Struktur dieser Aussagen abzuleiten. Das war die Geburtsstunde der synthetischen Urteile a priori, die den Rahmen sinnvoller Rede abstecken sollten. Dennoch wurde das Problem auf diese Weise nur verschoben, da diese Urteile selbst wiederum nicht ihrem eignen Kriterium entsprechen können, also *unsinnig* sind. Ein Teufelskreislauf. Zugespitzt formuliert *wissen* wir zwar wahnsinnig viel über Tatsachen der Natur, der Geschichte, der Gesellschaft, der Mathematik, der Psychologie, der Kunst etc., aber nichts über die Welt als Ganzes. Die verschiedentlich in der Geschichte der Philosophie formulierten Gedankenexperimente – vom Traum-argument über das Argument Descartes vom bösen Betrüger-Gott bis zu Putnams Gehirn-im-Tank-Argument – belegen die Problematik unseres Wissens über unser Wissen und konfrontieren uns immer wieder mit der Möglichkeit, dass wir nur *glauben* oder gar nur *meinen* zu wissen. Wittgenstein hat in *Über Gewissheit* immer wieder auf diesen Punkt insistiert, als denjenigen, welchen wir vergessen, wenn wir beweisen wollen, dass es Tatsachen gebe, derer wir uns absolut *gewiss* seien. Also, wie ist es nun? (1) Wissen wir nicht, dass wir wissen, das p? Ist unser Wissen ein Glauben? Oder (2) wissen wir, dass wir nicht wissen, dass p? Ist unser Nicht-Wissen ein Wissen? Oder (3) meinen wir nur, dass wir wissen? Interessanterweise lässt die Sokratische Variante (2), dass wir nämlich wissen, dass wir nichts wissen, sich im Sinn eines antiskeptischen Arguments deuten, *ohne* dass die Quellen dieses Wissens benannt werden könnten. Die Variante (1), der Typ des Glaubens, bedeutet, dass ich zwar objektsprachliches Wissen in Hülle und Fülle haben kann, aber mir nie sicher bin, ob mein Wissen aufs Ganze gesehen „wahr" ist. Typ (3) bedeutet, dass wir gar nicht merken können, dass wir nichts wissen, weil wir nicht wissen, dass wir nichts wissen. Während Sokrates die Möglichkeit von Wissen jenseits des positiven Tatsachen-Wissens postuliert, nimmt die Glaubensvariante an, dass diesbezüglich kein Wissen möglich ist. Jedenfalls haben wir keines. Während die Meinungsvariante selbstsicher auf ihrem nichtexistenten Ross sitzt. Aber auch dies – und das ist das infam Zirkuläre daran – muss ich ja wissen können. Wenn ich behaupte, es sei kein Wissen möglich, dann weiß ich das. Zumindest behaupte ich diesen Satz als wahr. Aber – woher und mit welchem Recht? Nun, wir sehen, dass wir uns im Kreis drehen, hin und her wenden, unfähig – den *Fragen der Vernunft* zu entkommen. Die Position zwischen dem metaphysischen Realismus, der sich auf ein transzendentes Seiendes bezieht, das er nicht explizieren kann, ohne es dem Zweifel unseres Nichtwissens auszusetzen, und einem wie auch immer subjektimmanenten Relativismus, der sich in Paradoxien der Selbstbezüglichkeit verstrickt, liegt das weite Feld der

---

fragenden Haltung. Diese Grundhaltung des Fragens ist von der skeptischen Haltung ebenso weit entfernt wie von einer dogmatischen. Sie hält Wahrheit nicht für eine Fiktion, wähnt sich aber auch nicht in ihrem Besitz. Kant entscheidet sich in dieser Situation für eine Strategie des minimalen Risikos. Wenn vor uns ein Tisch steht, dann kann auch *prinzipiell* jeder (ceteris paribus) diesen Tisch sehen, betasten, messen, physisch oder chemisch zerlegen, seine Teilchen unterm Mikroskop betrachten. Dieser Tisch lässt sich als physisches Objekt in die Gesetze einordnen, die für physische Objekte gelten: er ist ausgedehnt, hat einen dreidimensionalen Körper, Masse, Dichte, hat eine Oberfläche, gehorcht der Gravitation etc. Was darüber hinaus noch gesagt, gefragt, gezweifelt werden könnte – uninteressant, denn nur *spekulativ*. Auch wenn man alle ästhetischen und funktionalen Aspekte mit in den Katalog aufnimmt, kann man immer noch fragen, welchen ontologischen Statur der Tisch habe, ob er real sei, welchen Charakter diese Realität habe. Irgendwann ist man gezwungen, auf die Bremse zu treten. Dafür braucht man dann ein *Sinnkriterium*: alle weiteren möglichen Fragen sind sinnlos, weil nicht beantwortbar (entscheidbar). Aber hier beginnen dann natürlich die Probleme, die aus einem minimalen Risiko ein maximales machen: in der Abgrenzung *gegen* das nur Spekulative, in der Behauptung, dass – um Wittgenstein zu zitieren, der in seinem *Tractatus* ja nichts anderes als Kant versucht hat – sich alles, was sich sagen lässt, *klar* sagen lässt. Denn was ist schon „klar"? In einer Religionsgemeinschaft, in der ein allmächtiger Schöpfergott verehrt wird, hätte klare Rede doch wohl eine andere Bedeutung als im Kreis der Physiker, die über die Quantenstruktur der Wirklichkeit diskutieren. Genau diesen Sachverhalt berücksichtigte Wittgenstein später. Lebensformen und Sprachspiele haben ihre je eigenen „Sinnkriterien", ein absolutes Sinnkriterium „für alle" gibt es nicht. Aber das kann man auch nicht sinnvoll fordern.

2.
Der Post-Nietzscheanische „kategorische Imperativ".

Wir werden damit einer weiteren Paradoxie ansichtig, die das zentrale Problem des *Pluralismus der Lebensformen*, Lebensstile und Sprachspiele und das resultierende Problem der *Toleranz* berührt. Moralphilosophisch formuliert, lautet das Paradox: Wenn alles erlaubt ist, ist nichts verboten. Das muss für die Moral ebenso gelten wie für Sprachspiele und Lebensformen, wenn es kein Sinnkriterium gibt, das es erlaubt, die verschiedenen Erscheinungsformen in wahre und falsche, normativ angemessene und unangemessene, richtige und falsche, erlaubte und verbotene, schöne und hässliche usw. Varianten zu unterteilen. Wenn nun jemand Einspruch erhebt, indem er beispielsweise fordert, es sollte *verboten* werden, *nicht* alles zu erlauben, dann muss der Laissez-faire-laissez-aller-Vertreter zustimmend argumentieren, es ist *geboten*, alles zu erlauben und *verboten*, etwas nicht zu erlauben. Wenn es nicht erlaubt ist, etwas nicht zu erlauben, dann ist ja nicht alles erlaubt. Der radikale Liberale gerät also bei dem kleinsten Einwand schon in einen Selbstwiderspruch. Diesen Umstand machen sich radikale Gegner der Demokratie und des Liberalismus zunutze, indem sie behaupten, die zugrundeliegenden Ideen seien widersprüchlich, weil *ihre* Meinungen ausgeschlossen seien. Nicht *jede* Meinung, Haltung, nicht jedes Sprachspiel, nicht jede Lebensform *kann* erlaubt sein. Bislang meint man, es sei hinreichend, Meinungen zu verbieten, die dem Liberalismus widersprechen. Da die Grundlage des Liberalismus aber generelle Meinungsfreiheit ist, widerspricht er sich selbst, wenn er seine eignen Grundlagen derart einschränkt, dass alles verboten ist, was sie einschränkt. Es bleibt keine andere Wahl als die Annahme eines *bedingten* Liberalismus, der nur eine eingeschränkte Meinungsfreiheit zulassen kann, ohne sich selbst das Wasser abzugraben. Die Lösung besteht in dem Bezug zum Wissen. Der Grund, aus dem heraus der Liberalismus alle Meinungen zunächst erlaubt, ist die Verpflichtung, sie in *Wissen* zu verwandeln. Und das beginnt mit dem Eingeständnis des Nichtwissens. Und diese Bedingungen sind also wieder ganz praktischer Natur, auf das Handeln, Wollen, Fühlen und Denken der Menschen bezogen. Denn eine Verpflichtung zum Wissen ergibt sich aus der Sprachhandlung des Behauptens. Wenn nicht alles erlaubt sein kann, dann muss es ein *normatives* Sinnkriterium geben, das in einem Wollen wurzelt, aus dem ein Sollen abstrahiert werden kann. Wir wollen nicht nur meinen, sondern unser Meinen ist nur ein unbewusstes Nichtwissen, das wir uns nicht eingestehen *wollen*. Sobald wir aber wissen, dass wir nur aufgrund von Meinungen handeln, haben wir auch die Pflicht zum Wissen. Das Eingeständnis des Nichtwissens bezieht sich nun aber auch auf die Grenzen des Sinns. In gewissem Sinn schützt uns das Meinen davor, das Risiko des Nichtwissens auf uns zu nehmen. Kant sah es als seine Pflicht an, den Bereich des sicheren Wissens gegen alle Zweifel und Bedenken abzuschotten und dem Fragen der Vernunft ein Ende zu bereiten. Denn die *Natur* der Vernunft bringt es mit sich, so Kant in der Einleitung zur *Kritik der reinen Vernunft*, dass sie Fragen stellt, die sie ihrem *Vermögen* nach nicht beantworten kann. Das ist die Sokratische Situation des bewussten Nichtwissens. Dem widerspricht aber die Überzeugung Kants, dass wir über

---

sicheres Wissen verfügen. *Also* gibt es ein Sinnkriterium, das nicht nur das Vermögen der Vernunft festlegt, sondern darüber hinaus auch Gewissheit garantiert. Doch diese Gewissheit erkauft Kant dadurch, dass er die *Natur* der Vernunft zum Schweigen bringen wollte. Wie wir wissen, hat auch die Newtonsche Mechanik spätestens seit Einsteins Relativitätstheorie keine uneingeschränkte Gültigkeit mehr. Und ebenso wurden die vorgeblich notwendigen Verstandeskategorien durch die Quantenmechanik in ihrer historischen Bedingtheit erkennbar. Kants epochaler Versuch, die Sinngrenzen der Vernunft definitiv festzulegen, wurde auch durch seine „Erben" Fichte, Schelling, Hegel und Schopenhauer nicht akzeptiert. Indem Nietzsche das Scheitern der Grenzziehung Kants konsequent als Scheitern jedes *rationalen* Sinnkriteriums auslegt, lehnt er auch konsequent Wertgegensätze als Klassifikationskriterien und damit auch jeden universellen Maßstab ab. Auf das Problem: „Entweder rationales Sinnkriterium oder Normen!" reagierte Nietzsche mit der Schlussfolgerung: „Wenn kein rationales Sinnkriterium, dann keine Normen!" Im Kern ist es die Ablehnung des Gegensatzes von metaphysischem Sinn und Unsinn, die Nietzsche veranlasst, der Erosion der Sinngrenzen in die Bereiche der Kultur, Geschichte und Moral weiter zu folgen. Seine Versuche einer Umkehrung der altehrwürdigen Dichotomien können als Versuche gedeutet werden, der Sinnerosion Einhalt zu gebieten. Sein grotesk-heroisch anmutendes Amor fati sollte alle Gegensätze – nun als psycho-physische Spannungszustände interpretiert – überwinden, indem er auch zum vormals Sinnlosen – der Lüge, dem Irrtum, dem Wahn, dem Hässlichen, dem

Kranken und Gewalttätigen – „Ja" sagen *wollte*. Die Bejahung der Totalität des scheinbar Gegensätzlichen impliziert bei Nietzsche eine Umwertung des Negativen, bislang Verneinten, zu etwas Positiven, nun Bejahten. Wenn das Vermögen der Vernunft in einem Widerstreit mit ihrer Natur steht, dann schlägt sich Nietzsche auf die Seite der *Natur* der Vernunft. Diese Lösung Nietzsches nimmt also gewissermaßen Partei für die *Natur* der Vernunft gegen deren *Vermögen*. Und Nietzsche meint nun in der Vernunft selbst ein schöpferisches Prinzip zu entdecken, das noch vor allen Sinnkriterien den Menschen zu einem individuell Wollenden und Wissenden macht. Allerdings entdeckt er diese Schöpferkraft in der großen Vernunft – im Menschen als biopsychischer Einheit – und nicht in der kleinen Vernunft – dem rechnenden Verstand -. Ohne universelle Sinnkriterien wird die Vernunft zur je eigenen Vernunft. Folgerichtig erkennt er nur *individuelle Notwendigkeiten* als verbindlich an und kommt so zu einem radikalen Individualismus, der zur Selbstauflösung tendiert. Um diesen Prozess der Selbstzerstückelung zu stoppen, weicht er in empirische, erfahrungsbezogene, aber dogmatisch fixierte Glaubenssätze aus, wie den Glauben an den „Menschen", den „Übermenschen", die „Ewige Wiederkehr des Gleichen", die „Erde", das „Werden", das „Leben" etc. Was Sinn und was Unsinn ist, wird also bei Nietzsche sowohl metaphysisch durch externe Postulate als auch „intern" durch die Orientierung an der Immanenz des je selbst Erlebten, Gefühlten, Gedachten modelliert. Dabei folgt er dem Denkmuster Kants, ohne es zu wollen oder vielleicht auch, ohne es zu wissen. Die Grenzen der Vernunft bestimmt nun, ohne Seil und doppelten Boden, jeder für sich selbst. Wir leben in einem Post-Nietzscheanischen Zeitalter, in dem diese Umwertung tatsächlich schon stattgefunden hat, in dem von den „Nachgeborenen" nicht mehr verstanden wird, was mit „universeller Vernunft" gemeint gewesen sein könnte. Stattdessen sind die Heranwachsenden zutiefst davon überzeugt, dass nicht nur jeder Vernunft habe, sondern auch jeder *nur* seine je *eigene* Vernunft. Jeder glaubt, nur noch seine *eigene* Totalität verwirklichen zu *sollen*. Das ist der Post-Nietzscheanische „kategorische Imperativ". Mit seinem Programm der Umwertung kehrt Nietzsche Kants Idee der Universalisierung des Individuellen um in eine Individualisierung des Universellen. Diese Haltung kommt zu ihrer Blüte im Zeitalter der bürgerlichen Gesellschaft, die Kant als den Zweck der Geschichte ansah. Befreit zum eigenen Vernunftgebrauch erkennt das Individuum sich nur noch in Opposition zum Ganzen, weil ein Ganzes nicht mehr gedacht werden kann. Dennoch bleibt es als unendlicher Fluchtpunkt Voraussetzung und Ziel der philosophischen Erkenntnis.

Inhaltsverzeichnis

VI. Wissen und Sinn

MIX

Papier | Fördert
gute Waldnutzung

FSC® C083411

Zeitfracht Medien GmbH
Ferdinand-Jühlke-Straße 7
99095 Erfurt, Deutschland
produktsicherheit@kolibri360.de